蝶变

罗灿工作室成员成长的心路历程

罗 灿◎主编

吉林文史出版社
JILIN WENSHI CHUBANSHE

图书在版编目（CIP）数据

蝶变：罗灿工作室成员成长的心路历程 / 罗灿主编
. — 长春：吉林文史出版社，2021.8
ISBN 978-7-5472-7973-1

Ⅰ.①蝶… Ⅱ.①罗… Ⅲ.①中小学—师资培养—研
究 Ⅳ.①G635.12

中国版本图书馆CIP数据核字（2021）第164522号

蝶变：罗灿工作室成员成长的心路历程
DIEBIAN LUOCAN GONGZUOSHI CHENGYUAN CHENGZHANG DE XINLU LICHENG

主　　编：罗　灿
责任编辑：吕　莹
封面设计：言之凿
出版发行：吉林文史出版社有限责任公司
电　　话：0431–81629369
地　　址：长春市福祉大路5788号
邮　　编：130117
网　　址：www.jlws.com.cn
印　　刷：北京政采印刷服务有限公司
开　　本：170mm×240mm　1/16
印　　张：9
字　　数：162千字
版印次：2022年4月第1版　2022年4月第1次印刷
书　　号：ISBN 978-7-5472-7973-1
定　　价：45.00元

编 委 会

向阳，追光

秋日的暖阳，透过窗户洒进我的办公室，洒在办公桌上放着的那一本厚厚的心路历程集上，仿佛从书中散发出温润的光芒。慢慢翻开书，工作室老师们的诉说汩汩如泉，从一颗颗年轻而深情的心里流出，缓缓流进我的心田，让我想起自己难忘的教师情缘。

至今记得，在我五六岁时，母亲是一所学校的校长。每逢周末，母亲总是会在学校里忙活，与教师们一起培训学习。母亲说："要用心才能办好一所学校。"至今记得，在我初为教师时，深圳实验学校金式如校长的谆谆教导："我们培养的学生要有成为中华民族脊梁的追求。"至今记得，在由全国著名教育家程红兵校长一手创办的深圳明德实验学校，程校长深情鼓励："每一个教师所站立的地方，就是中国教育之所在。"我的人生，从未离开过校园，从未离开过教育。我始终坚守对教育的虔诚信仰，始终在从教的路上奋进学习，也始终在思考作为教师的终极意义。这个答案在与工作室兄弟姐妹的共同奋进中，越来越清晰。人生被一个又一个故事所演绎，而故事又丰盈了一段又一段的人生。我想，这就是教育的意义。

教师是绿野堂开占物华的引导者。教育的目的就是如何让学生茁壮成长，教育者的每一个行为都可能对学生产生重大影响，甚至是终身的影响。在省级工作室成立的三年里，我和工作室的老师们始终坚持寻找教育生长的根基。在华南师范大学组织的学习和培训中，在程红兵、李镇西等教育名家的讲座中，在每一次研讨中，每一节课堂上，我们不断革新价值认同。我们发现："教育就是'以梦为马，奔向光明'的追梦之旅，就是'见自己、见天地、见众生'的修行之路，就是我们共同寻找到的教育的根本价值。"

教师是腹有诗书气自华的学习者。教师最大的价值是思想，思想从何而来？从学习和研究中来。工作室成立的三年里，我们"上下求索""一路走来一路学"，构建了温馨和谐又扎实奋进的学习共同体，采用规范的培养制度和任务驱动的培养模式，搭建网络平台，创新名师工作室的培养方式，直面教育教学中的一些重点、难点问题，成立HAS（文科：Humanities；理科：Science；艺术：Art）课堂模型建构研究等专项课题研究组，进行有针对性的研究。我们充分利用平台优势，传授研究的基本思路和范式。三年下来，工作室成员多人次获得全国论文、微课比赛、课堂案例研修一等奖，在广东省青年教师课堂教学展示、市区级教学技能大赛、命题比赛等赛事中获得一等奖，在核心期刊发表了60多篇论文，出版了4部专著，可谓成果丰硕。

教师是风物长宜放眼量的等待者。教育是基于时间的思想和行为的艺术。在三年的时间里，我们一起潜下心来，安安静静办教育。我们抛弃功利、喧嚣的教育环境，静心思考教育的意义。我们坚信：学校的使命是创建精神家园，学校的文化应该让学生走向阳光，学校应以德为先、以诚为信。我们静心倾听学生的心声。我们坚信：学生是人，不是机器，学生应该找到自己的学习节奏，沐浴阳光，拔节生长。我们抱着欣赏的眼光看待每一个学生，静心等待他们开花结果。我们坚信：教育是农业，不是工业，缓慢的背后是对教育规律的尊重，是一种陪伴、一种守护。我们把和学生一起书写的故事编辑成教育叙事集《蝶变——罗灿工作室成员成长的心路历程》，这是我们生命中最宝贵的教育财富、最难忘的美好时光。

一个人遇到好老师是人生的幸运，一个学校拥有好老师是学校的光荣，一个民族源源不断地涌现出一批又一批好老师则是民族的希望。广东省教育厅立足粤港澳大湾区和社会主义先行示范区国家战略部署，扶持和培养了一批省级名师名校长（园长）。能够身处广东这片改革开放的热土，得到省、市教育主管部门和华南师范大学的关爱和帮助，我们无上光荣，同时责任艰巨。我们要承担起时代赋予的光荣使命，用一棵树去摇动另一棵树，用一朵云去推动另一朵云，用一个灵魂去唤醒另一个灵魂，将自己成长为一束光，用我们自己内心的光明，去温暖每一个同伴，去照亮每一个学生。

愿每一位教师都能找到更好的自己！

愿每一位教师都能坚守心中的教育梦想！

向阳，追光！

罗　灿

蝶

变

目 录 |

蝶变

灵动　开放

——我的教学风格凝练历程

中山大学深圳附属学校　罗灿

一、我的教学风格：灵动、开放

几千年前，古希腊奥林匹斯山上的德尔斐智慧神庙里有一块石碑，上面写着"认识你自己"，苏格拉底将其作为自己哲学原则的宣言。从苏格拉底的"认识你自己"到尼采的"成为你自己"，一代又一代的教育工作者在认识自我和成就自我的专业道路上前行，不断开拓通向智慧的成长之路，我亦不例外。回望自己的专业成长之路，我在探索奋斗中逐渐认识自己的特长，在上下求索中逐渐形成自己的风格。如今，若有人问："你的教学风格是什么？"我会回答："灵动、开放。"这是我对自己教学风格的定位与期许。

二、我的成长经历

（一）长大后我就成了你

"小时候我以为你很美丽，领着一群小鸟飞来飞去。小时候我以为你很神气，说上一句话也惊天动地……"

我出身教师世家，家族中有个庞大的教师队伍，从幼儿园老师到大学教授，从语文老师到艺术系教授，任教于不同学段、不同学科的长辈们的耳提面命，或许真的让我多了一份灵敏、跃动。在长辈们对教育、对学生博大宽厚而又虔诚柔情的爱的滋养下，我顺理成章且豪情万丈地成为一名教师。

"长大后我就成了你，才知道那个讲台举起的是别人，奉献的是自己……"

（二）多少星星在心里

记得刚参加工作不久，我在全市一次课堂教学比赛活动中取得第一名的成绩。前辈们夸我："这孩子真有灵气，天生就是当老师的料！"也许是吧，我的成长环境让我与讲台、与校园有更多亲近的机会。有时候我在想，生活有没有别的可能？除了当老师还是当老师！我的内心是如此肯定。

课堂的四十分钟，措辞、停顿、重音、动作、表情，每一环节对于学生都饱含意味，都在投射信息、给予暗示，无论我自己是否意识到。对初为人师者而言，这真是痛苦的煎熬。初学时，我常刻意模仿，说话要简洁或要激情，台风要稳健；课下做足功夫，课上按部就班。哪里声音要高，哪里手臂要伸展，亦步亦趋，"风格"二字时时浮于心间。然熟稔之后，实另一番妙趣。当万般捣碎内化，眼中心中都再无尺规，举手投足不必细想，依着自己的本性去诠释，自然水到渠成。《皇帝的新装》《孙权劝学》《散步》《送东阳马生序》……每当收获一堂不经意间的好课，就如打了一套完美的太极，颇有行云流水之感，酣畅淋漓至极。此种人生趣味，非教书者恐难体味。

然而，要走到这一步则是极其漫长而艰辛的，不仅要对学生充分了解，吃透课本，更要对自己有一番彻底的审视。古希腊哲人曾留下一句箴言：要认识自己。命题之深刻、之难解、之费神，使其得以永恒存在。我把这项永恒的使命拿来考量生命的深度。从这个角度看，除却职业的诉求，在自我心灵的探索之路上，也是卓有成就。有时想想，教书的辛苦与乐趣算是全在这里了。

在我的第一本著作《多少星星在心里》中，我写道："头顶一片湛蓝的天空，我走进了一个新奇的世界，播种下太阳、月亮和璀璨的星星……多少星星在天空，多少星星在心里。"

（三）灿灿的教育星空

从一株小树苗长成一棵参天大树，需要经历多久？需要承载多少？一个人的成长，犹如一棵树。要长成一棵树，一半在尘土里安详，一半在风里飞翔；一半洒落阴凉，一半沐浴阳光。甘于平静，从不虚华。

我在特区教育这片沃土上渐渐成长，许是天道酬勤，我获得了深圳市教育局首批中青年骨干教师、首批名师工作室主持人、深圳市名教师和全国首届学术先锋人物等称号。

面朝学生，语文花开。却顾所来径，苍苍横翠微。现在，我用"灵动、开放"这样的关键词来梳理整合自己的教学风格。就我而言，它们是在我自己的教学田野中长出来的一片片草，是自然而然开出来的一丛丛花，如繁星璀璨，点缀我的教育星空……

三、我的教学追求：灵动的教学+开放的教育

（一）灵动

1. 灵动的起点是妙趣幽默

我的父亲是一个幽默风趣的人，家庭氛围经常是每一立方厘米都充满快活的空气。父亲的幽默当然不仅仅是语言魅力，还体现在其对他人宽容善意、鼓励赞许的人格魅力上。教育面对的是鲜活的生命和灵魂，教师的教学水平越高，人格魅力越大，其榜样作用才越强。在办公室，我用这样的方式把快乐、开朗传递给同事；在教室，我同样用自己的幽默风趣感染学生，塑造学生的健康人格。苏霍姆林斯基说："粗鲁能唤起人们内心深处的低级本能。"这就告诉我们一个道理：人格能唤

醒人格，高尚能唤醒高尚。我喜欢听俞敏洪、李开复的演讲，喜欢听罗永浩、程少堂的课。程老师强力推荐诺贝尔奖宗旨——先让人发笑，再让人思考。他说："要让学生在学有所得的同时，轻松愉快，笑声不断。"我以为，缺乏幽默感的语文老师，是最缺乏人文精神、自己最痛苦又使他人最痛苦的人。我无论是给学生上公开课，还是给老师们做讲座，都比较风趣幽默，状况好时，基本是五六分钟一小笑、七八分钟一大笑。因而很多人以为我是一个富有幽默感的人，并对我的公开课或讲座很感兴趣。有的老师甚至对我的幽默风趣很着迷。我备课（无论是公开课还是讲座）的最后一个环节是备幽默，而且我已养成极其重视这一环节的习惯。一天，我的学生宁坤说："罗老师，你批评我吧！""为什么？""好听，积累词汇；中听，心悦诚服！"经常有学生"享受"我对他们的批评。他们在日记写道："罗老师批评我们有如下几个特点：语言生动，有感染力；论据科学，有说服力；就事论事，论点鲜明且不伤自尊，对学习写议论文、说明文等有很大帮助。"幽默风趣的老师周围一定会有一群灵动可爱的学生。我认为，幽默、善意的批评是有温度的，有情感的，保持潇洒幽默的课堂应对，保持一颗充满悟性、灵巧、活泼与睿智的禅心，也是一个语文老师应该具备的素养。幽默是一种教学姿态，也是一种人生姿态。

2. 灵动展示的是灵感沛然之气

梁启超说："我是个主张趣味主义的人，倘若用化学划分'梁启超'这件东西，把里面所含的一种名叫'趣味'的元素抽出来，只怕所剩下的仅有个零了。我以为凡人必须常常生活于趣味之中，生活才有价值。"语文源于生活、源于生命，只要灵感没有枯竭，生命还在欢腾，语文就不是死的，就不该暮气沉沉、漫天灰霾。每当下课铃声响起的时候，我总在自问：在我的这节课上，学生学得快乐吗？他们在我的课上享受到了些什么？我甚至给自己定下要求，力求做到课堂有三声：一是掌声，自发的掌声，不是老师邀掌，而是缘于内容的深刻与精辟；二是笑声，自然的笑声，缘于课堂教学的生动与精彩而忍俊不禁；三是辩论声，自动地发言，缘于老师的启发和学生的主动参与。探究灵动的教学实施要求超越教材、超越预设、超越学生、开放结构、过程互动，在朴实中生花、生奇、生智慧，张扬学生的个性，生成教学的精彩。

一次语文课上，教室飞进来一只小鸟，学生为之欣喜，我索性停下来，要求大家以"小鸟来了"为话题即兴演讲，条件是用上课本中的句子（可以稍做改动），一个接一个发言，不能中断。

学生1：有一次，从隔壁飞来了一只新生的鸟。嫩黄的毛，很活泼，在黑板边的太阳光里滚来滚去。我们是最喜欢鸟的，常在课间逗着鸟玩。我们坐在凳子上看着它，可以微笑着消耗一两个小时的光阴。这时太阳光暖暖地照着，心上感悟着生命的新鲜与快乐。（郑振铎《猫》）

学生2：一只茂腾腾的小鸟。飞来的小鸟，使冰冷的空气立即变得燥热了，使恬静的阳光立即变得飞溅了，使困倦的世界立即变得亢奋了。（刘成章《安塞腰鼓》）

学生3：对于多数的小鸟，我心里怀着强烈的热爱。我无时无刻不听见它呼唤我的名字，我无时无刻不听见它召唤我过去。我有时把手放在我的胸膛上，我知道我的心还是跳动的，我的心还在喷涌着热血，因为我常常感到它在泛滥着一种热情……这时我又听到小鸟在召唤我，小鸟有一种声音在召唤着我。它低低地呼唤着我的名字，声音是那样地急切，使我不得不过去。（端木蕻良《土地的誓言》）

学生4：我想将它捉住，小鸟"叽叽"发出吼叫。这叫声与我平常听到的鸟叫迥然不同，没有柔和的颤音，没有甜腻的媚态，也没有绝望的叹息，音调虽然也保持了鸟一贯的平和，但沉郁有力，透露出某种坚定不移的决心。只见它迈着坚定的步伐，走向那黑板的边沿。方方的黑板一头连着出去的门，再连着通向自由的走廊，像一座美丽的桥。它飞了过去，消失在一片灿烂中。（沈石溪《斑羚飞渡》）

同事说，这是我教学中千百个灵动瞬间的剪影。在课堂上，时常可见学生发生"状况"，我的从容应对让课堂柳暗花明，保持着一种新鲜活泼的人生意趣，而且感染着、影响着学生，语文教学也正因人的思想和性情，所以朝气蓬勃、灵动鲜活、神采飞扬、生生不息。

3. 灵动依赖的是厚实积淀

随着教龄的增长，我逐渐形成自己的语文教学主张。实践导师杨特听了我的课后，给我儒雅干练、灵动智慧等评价；理论导师谭海生教授评价我为女版的余映潮。我喜欢把语文界的名家一一研究来研究去，从名师们的身上汲取营养。歌德说："许多思想是从一定的文化修养上产生出来的，就如同幼芽是长在绿枝上一样。"名师们的语文教学主张着实让人欣喜，程红兵老师的"自主探究式语文教学模式研究"、程少堂老师的"语文味"、王君老师的"青春语文"、陈继英老师的"人生语文"、胡立根老师的"'基于研究'的写作教学模式"、吴泓老师的"语文专题学习"……读读中语会的会刊，看看我的周围，就会发现，原来语文教学可以有这么多追求。在世纪之交，教育批判性思维的缺失引起人们的关注，尤其是"钱学森之问"之后，这个问题被推向了顶峰，语文要回答的是"我们培育学生怎样的语文素养"的问题。的确，我们每一个语文老师都要倾听内心的声音，倾听学生的声音，倾听语文的声音。拉姆说："你可以从别人那里得来思想，你的思想方法，即熔铸思想的模子却必须是你自己的。"我是深圳特区培养出来的本土名师，从深圳市首批中青年骨干教师到全国课堂教学比赛的第一名，再到深圳市首批名师工作室主持人，我深知，是深圳教育前辈们的精心培养与提携才成就了今天的我，深圳教育的创新和发展在我这位普通教师身上打上了深深的烙印。我努力学习、努力积累、博观约取、厚积薄发，我知道这是一个持久渐进的过程，贵在持之以恒，需要时间保障、精力保障。有人说："用志不分，乃凝于神。"（《庄子·达生》）又有人说："时间好比一把锋利的小刀，使用恰当的话，一块普通的石头可以被仔细地、缓慢地、一寸一寸地刻成一个奇妙的雕像。"（张爱玲《心愿》）我在自己的作品《灿灿的教育星空》中写道："我努力做一块甘于寂寞的石头，也努力做一根能思想的苇草。"

4.灵动植根于持续创新

"有价值的教育，应让教育所固有的内涵充满着生命的灵动和激情。"创新是我的一贯追求，教学是不可重复的艺术，每一节课都是不可重复的激情与智慧综合生成的过程。虽是三年又三年，教材大致相同，但我不想让惰性牵绊，对每一届学生、每一堂课，我都在想方设法创新，不断刷新自己的教学方法。教学永远是一门遗憾的艺术，没有最好，只有更好。我不愿意吃别人或自己嚼过的馍，再好的风景也需要不断发现。于是，我大胆创新，作文教学采用"轮流日记"的方式，让学生、家长和老师都参与进来；作业布置采取"灵动作业"的方式，课内课外五五开，百分之五十课内必做题，百分之五十课外阅读题；课前设5分钟的《新闻联播》。又如，知识点承包活动，我根据学生特长，把他们分成若干组，成立"字音字形"部、"文学常识"部、"文言文阅读"部、"文学作品阅读"部等，每组学生负责本部分知识。首先他们要认真自学并填写知识点表格，然后以学习小组为单位，处理自学中遇到的问题，进行自我测试，查漏补缺，再由老师进行检查考试，最后达到能解答其他同学疑问的水平。我让学生尽量参与语文教学全过程，从备课、讲解到疑难问题解答，不仅自己要认真钻研，而且还负担着解答其他同学疑难问题的任务。学生人人参与，各负其责，自主、合作、探究的学习方式也就蔚然成风。

（二）开放

马尔科夫说："任何一个进步的体系，也都是开放的，不然就会丧失其发展的可能性，因而也就会丧失其进步性的特点。"远处蔚蓝天空下，涌动着金色的麦浪。2003年，我有幸成为深圳市教育系统海外培训的第一期学员，赴美国协和大学尔湾分校（Concordia University Irvine）学习，考察了尔湾周围几个学区的12所中小学，并在4所中学实习。此次学习对我的影响很大，是我的教学理念发生根本变化的转捩点。人在其中，足以"提刀四顾，踌躇满志"。美国文化、美国的教学风格，触及我灵魂深处并给我带来深远的影响。现在，开放是我教学中的常态。一个开放的语文课堂，必定能让学生享受着生活，享受着平等，享受着民主，享受着尊重，语文课堂必定能成为师生共同快乐且开放的精神家园。

1. 开放的教学目标——全心在人文

美国大、中、小学大多没有气派的校门、封闭的围墙，学校与社区互相开放，融为一体。杜威说："教育即生活，学校即社会。"从美国中学语文教材的编排中不难看出，美国中学语文教学想要收获的是具有现代社会生活需要的健全人格。编年体的编写次序让学生在了解美国历史的同时，也洞察了文学与历史结合的流变；所选范文大多是各个时期的文学、科学、政治等领域优秀人物的演讲、日记或是散文小说，一般所选人物和作品都具有划时代意义，范文和课后练习是引领学生挖掘感悟那些杰出人物的优秀品质或是美国精神；课后"拓展""项目"等栏目中设计了大量的"职业连线""文学连线""工作连线""社会研究连线""艺术连线""传媒连线""科技连线""音乐连线"。总之，将语文学习深深地融入学生的现代生活。由此，我逐步树立起"大语文"教学理念，语文的外延和生活的外延相等，语文教学的出发点和归宿点都应是"人"和"人的发展"。关注学生的发展，我从鼓励学生读万卷书开始。"阅读习惯的养成，于己是个人修身养性的终身大事，对于一个国家、一个民族，则是关系国家前途、民族命运的大事。"我的名师工作室的课题定为"中学生阅读能力培养研究"，本课题在工作室成员所在的5个区13所学校全面铺开，用现代教育理论和方法指导中学生阅读，致力于中学生阅读兴趣和能力的培养，有效促进学生阅读能力的提高，丰富学生的语文素养，构建以学科文化阅读、经典文化阅读、大语文主题文化阅读、当代作家系列阅读等为主要领域，以课堂阅读、班

级阅读、亲子阅读、社区阅读、自主阅读等为主要形式，开设独树一帜
的阅读文化课程，建立充满激励功能的阅读评价机制，努力打造以学生
为主体、以学校为中心、辐射家庭和社会的阅读生活圈。课题已进行到
终期，工作室的阅读计划以其专业性、系统性及其强大的资源整合能力
对语文教学产生了广泛影响，形成了有效的阅读教学模式，提升了语文
阅读课堂效益，丰富了学生的人文素养和生命内涵，提高了生活品位，
提升了生命质量。

2. 开放的教学内容——用心求丰富

教材只是学生学习语文的一个引子，以教材为依托，通过以读引
读、以读引说、以读引研这些策略，极大地丰富教学内容。我从援疑质
理（宋濂《送东阳马生序》）入手，激活课堂的生命，当好阅读向导，
由一篇带出另一篇。如，学习余光中的《乡愁》，可以连读席慕蓉的
《乡愁》；学习艾青的《我爱这土地》，可以共读艾青的《大堰河，我
的保姆》；学莫怀戚的《散步》，可以读林文煌的《三代》；还可以由
一篇带出一类，由一篇带出一本。教学内容包罗万象，只要引入这种活
性教材，学生的阅读空间、生活空间和想象空间都可以成为我们的教学
内容。我们曾考察了洛杉矶附近的一些科学馆和博物馆。在这些参与式
的场馆里，比如，发现科技博物馆（Discover Science Museum），学生
不是走马观花地参观，而是通过亲自动手操作，切实体会其中的原理。
在以生命奥秘为主的博物馆，比如，加利福尼亚科学博物馆（California
Science Center），学生可以清晰地看见人的机体是怎样工作的、人的
生命是怎样孕育的。在以珍品艺术展示为主的博物馆，比如，盖亭博物
馆（Getty Museum），虽然是私人投资10亿美元建成的，但对参观者都
是免费开放的，尤其是对中小学生，不仅有专业人员负责接待，而且
每天还有10多名志愿者进行详细讲解。有一次，我们看到一家超市门前
摆着十多张工作台，上面放着各种工具和木质材料，有六七个专职人员
在辅导一大群孩子制作各种木质玩具，孩子们玩得很起劲。经过打听才

知道，这是免费的，甚至孩子们可以把自己制作的成品或半产品带走。带着学生走出课堂，摆脱书本教学内容的狭隘，我让学生读书的同时，鼓励他们走出去。不读万卷书，不足以谈学问；不走万里路，不足以察天下。走万里路，乐山乐水，观风知俗，考古察今，正所谓"神情不关山水，焉能作文？身心不到底层，焉能知世"（刘义庆《世说新语·赏誉》）。我鼓励学生寒暑假出去看世界、看天下，这对学习语文是有帮助的。课本里的苏州园林、故宫博物院、三峡、桃花源、岳阳楼、醉翁亭、滕王阁、褒禅山、赤壁……我鼓励学生都去看看。去年暑假去福建，我特意绕道去了一趟泉州的承天寺，为的是给学生讲苏轼的《记承天寺夜游》时能找到更真实的感觉。"出去是学生，归来是学者。"学生亦如此。旅游回来后，学生可在课堂上介绍自己在课外学到的相关知识或发表对某个问题的看法，也可以展示调查报告，我班一学生就提交过《沉重地行走——深圳湾调查报告》。我总是充分相信学生，他们既是教学对象，又是教育资源，也是丰富教学内容的源泉。我相信，学生的潜力无限。学生能到达哪个彼岸，就让学生到达那个彼岸，鼓励学生有多少潜力就走多远。将教学目标的广度、深度进一步开放，任何时候，追求高度与深度都是一种学习的姿态。

3. 开放的教学组织形式——诚心求平等

"罗灿，你来回答这个问题。"我的课堂经常会响起这样的声音。我被台上的"小老师"点名起来回答问题，有时是轮到我了，有时是其他同学答不上来了，有时是好奇心驱使，总之"爱你恨你都叫你回答问题"（学生语）。我经常坐在学生中间，位子不固定，谁上去当"小老师"，我就坐在谁那儿，我就是一名普通学生，"老师"就有权力找我回答各种"刁钻"的问题。我开放我的讲台，开放我的教案，开放我的"权威"和思想，与学生形成一个学习的共同体。师生之间的关系平等，甚至可以是角色相互转换，师生都成为探索者和评价者，并在教学中得到提高。师生间多向交流，师生互动，教学相长，教师和学生都成为学习知识的资源，教学双方的主动性、创造性和学习潜能都能得到充分的发挥和发展。美国的教室空间大，设备好，桌椅可调节，便于学生活动；班级人数较少，通常小学低年级每班平均25人左右，高年级每班平均30人左右，所有学生都有机会参与各种教学活动。在中学，一般都是分专业教室上课的——老师不动、学生走班，教师的办公桌就摆在教室里面。教室里桌椅位置与朝向也不一致，有的分成两个大组相对而坐，有的甚至一组朝前、一组朝左、一组朝右，为保证对每个学生的公平，都对着老师的方向，目的是让学生得到公平的受教育机会。我认为学生比较喜欢我的原因，其中有一点是我对他们的公平，我眼里没有好生、差生一说，这一点只要是我的学生都能感觉到，座位一个星期换一次，不论成绩好坏，都有权利坐在教室的任何一个座位，只有上课时乱讲话的学生相对集中的时候我会调整一下。又比如，我尽量让每个学生每节课都有一次回答问题的机会，或是轮流读课文，或轮流回答问题，为公平起见，有时用"点名器"。我组织各种形式的教学活动，自己也平等参与，如，给课文录音、写轮流日记、做阅读卡片等，我都认真做好、录好、写好，展览出来。一堂受欢迎的课在教学过程后面活跃着一个丰富、有力的灵魂来组织安排，抽离了这个灵魂现场，语文教学是单调的、僵硬的，它所创造的，也必定是一个没有智慧和生命的干枯世界。

4. 开放的师生关系——真心求民主

我的课堂上，师生不用互相问好，不用站起来回答问题，也可以直呼我的名字……我不在乎形式上的礼节，学生跟我打成一片，我将"民主"贯穿于整个课堂教学中。

（1）把提问的自由归还给学生。

苏格拉底认为，问题是接生婆，它能帮助新思想的诞生。发现和提出问题在学生培养中有十分重要的作用。爱因斯坦也认为，提出一个问题比解决一个问题更有价值。几乎每上一堂语文课我都十分重视学生自

蝶变——罗灿工作室成员成长的七彩历程

己提出问题。

在执教《斑羚飞渡》一文时，我请同学们阅读一遍课文后提问。谁知同学们却提了这些问题：

男生A：斑羚数数有那么准确吗？

女生B：飞渡的动作和结果让人心存疑虑。

女生C：镰刀头羊的信息传递有问题。

男生D：前文说过，"隔河对峙的两座山峰相距约六米"。而后文提到，老斑羚"处在跳跃弧线的最高点"时，离"对面山峰"只"剩下（的）最后两米路程了"。这就是说，这时老斑羚已经跳跃了四米。如果不是"半大斑羚的四只蹄子在老斑羚宽阔结实的背上猛蹬了一下"，老斑羚在下半段当然还会继续运动四米，后面剩下的两米的跨越就是轻而易举的事了，那么老斑羚自己单跳就总共能跳八米远了。而据作者前文交代，"能一跳跳过六米宽的山涧的超级斑羚还没有生出来呢"，这不是明显的矛盾吗？

我并没有制止学生的提问，就"故事的真实性、故事的科学性、情节的合理性以及作者的情感与态度"将大家的疑惑做了归类，且肯定了同学们这种不盲从教材、不迷信权威、独立思考的精神。我从不阻止学生挑战性的提问，而是鼓励他们积极思维，每节课我都会留几分钟给学生自由提问。如果我不知道，就坦然告诉学生不知道，查完资料再告诉他们答案。课堂要获得真正的师生对话，平等交流，必须学会"俯身""弯腰""认错"。伏尔泰说得好："我坚决不同意你的观点，但我誓死捍卫你表达自己的权利。"

（2）引导学生自行解决问题。

陶行知在一首小诗中写道："发明千千万，起点是一问。"捍卫学生提问的权利并引导学生探寻解决问题的路径，让学生"问"出价值来。在执教《散步》一课时，学生问我："为什么要用这个标题？"我因势利导："假如让你们重新拟个标题，你们会拟什么？"大家纷纷举手：母亲与儿子/向左走，向右走/爱相随/背上的世界/三代人的选择/爱的接力/抉择/田野上的亲情/爱的转角/分歧/大路小路/亲情无边/背起整个世界/春意/呵护/生命生命/温馨瞬间……

在学生提问的过程中，我并未丧失自己的主导地位，总是在学生提出具有科研价值的问题后，重点引导学生自己解决。在执教鲁迅的《社戏》一文时，有学生提出疑问："那夜返航时不是一直在骂老旦吗，为什么作者却说再也没有看过那夜似的好戏？"又如，讲《孔乙己》时，也有学生提问："我到现在终于没有见——大约孔乙己的确死了。既然是'大约'，为什么又说'的确'，这是否矛盾？"我抓住时机引导学生就这句貌似矛盾的句子展开讨论，即使学生一时不能给出答案，我也决不代庖，只是稍做点拨，然后与大家一起商，讨解决问题。恩格斯说："地球上最高花朵——思维着的精神。"作为语文老师，从某种程度上，我们担负着重塑民族魂的重任，借助文本，我们既可以让学生"诗意的存在"，又可以给学生一个理性的世界。

5. 开放的评价方式——衷心求尊重

古典自由主义学者认为，每个人都具有不可估量的价值。正是在这种理念的支配下，每个学生的价值都该得到应有的尊重。我开放我们原来一直由教师紧握的教学评价体系，由单一的分数评价转向多元的教学评价，由原来单一的教师评价主体转向教师评、同学评、家长评、社会评的多层立体评价网。借鉴小时候我母亲给我们姐妹建立"学习档案袋"的做法，我给每个学生也建立一个学习档案袋，记录好学生的各种表现，结合每天作业、课堂问答、阶段考试、演讲比赛、辩论赛、小论文写作、答辩和社会考察等方面的成绩综合考评，尽量做到形成性评价和发展性评价相结合。这个档案袋是学生的隐私，不宜拿出来公布，虽然工作量较大，但为了尊重学生的个体发展，累有所值。我认为尊重的眼神，左眼是友善，右眼鼓励。充满尊重的教育是灵动的，是人性光辉的载体，载着人性人心的温度和温情，载着人格人情的体察和关怀，载着人道人文的滋养和张扬。懂得尊重他人，就握住了了解人性的金钥匙。

四、结语

希腊文认为的风格是"直线体"，拉丁文认为的风格是"雕刻刀"，而汉语解说的"风格"则是"临风而歌，自成格调"。有人说教学风格形成了，生命的风格也就形成了。岁月悠悠，天地不老，有思想内涵的教学风格，才会有思想的深度和张力。

我在自己的一亩三分田里，在自己的这片精神后花园，栽上"开放"的花，种上"灵动"的草，写上"教学风格"四个方块字。这片语文厚土原本就世世代代在这里，仓颉的灵感不灭，美丽的中文不老，只要当一名真正的语文人的追求不变，那磁石一般的向心力必然长在。

我的人生定位始终在此，念兹在兹。

见自己　见天地　见众生

——我的工作室成长心路历程

深圳市龙华区外国语学校　杨金锋

春色肆意流淌在深圳实验学校中学部的校园里，我满怀期待地坐在实验学校名师工作室启动的会议室里，见证罗灿名师工作室成立那伟大而又光荣的时刻，那是2011年2月23日的午后。

转眼间，十年过去了。回首往事，感慨、感动、感恩。这期间，在恩师罗灿的带领下，在工作室成员兄弟姐妹般的鼓励、帮助下，我从一个青涩、稚气的毛头小子逐渐成为学科的骨干、学校管理的成员。一路走来，大致经历了三个阶段：见自己、见天地、见众生。

一、见自己

《一代宗师》中，章子怡扮演的宫二对梁朝伟扮演的叶问说："习武之人，要经历三重境界，见自己、见天地、见众生。我见到自己，见到天地，可是没有见到众生。"愚以为，人的一生追求亦是如此，做学问亦是如此，要经历这三重境界。

所谓见自己，就是了解自己、反思自己、强大自己、学会思考、成就自己。我深知自己在文学阅读和理论上的短板，因此自加入工作室以来，一直惴惴不安。一是工作室平台很高，生怕自己有损其声誉；二是自己水平有限，忝列名师工作室行列，愧不敢当。于是，我开始加大自我学习力度，在学习中实践，在实践中反思，在反思中提升。

（一）读名家著作，模仿借鉴上课

我的专业阅读应该说是从遇到余映潮老师开始的。当时余映潮老师到观澜二中上了一节公开课"学一点儿咏物技巧"，学校安排我写篇新闻稿。余老师的课行云流水，设计之巧、取材之妙、效果之好，令我醍醐灌顶。于是，我把当当网上余映潮老师的《余映潮阅读教学艺术50讲》《听余映潮老师讲课》《余映潮的中学语文教学主张》三本书全部买回来，细细研读，边读边实践，渐渐有了一点儿心得。之后，余老师每出一本书我都第一时间买来阅读。就这样，我按图索骥，把语文出版社出版的名师讲语文的书全部从图书馆借回来，一一研读。这里面包括程红兵、李镇西、郑桂华、赵谦翔、李卫东、李海林、程少堂等语文大家的著作。与此同时，我阅读王荣生、郑桂华主编的《1978—2005语文教育研究大系》，《中学语文教学》杂志主编张蕾主编的《中国语文人》（第一卷、第二卷）、《春风化雨三十年》《语文之道》。渐渐地，我对中学语文教学发展历程有了清晰的了解。除老一代专家的书籍外，对于新生代的语文专家的著作，我也大量涉猎，这里面包括深度语文的干国祥和王开东、诗意语文的董一菲、颠覆传统的语文狂人郭初阳、"我就这样浅浅地教语文"的肖培栋、上海教育出版社出版的名师实录（李百艳、马骉、朱振国）等。此外，我也向小学语文的大家学习，比如向支玉恒老师、于永正老师、王崧舟老师等学习。

对于这些语文大家，我更多是从读实录开始，然后再读他们的著作，思考他们教学设计背后的支撑理念以及不足。比如，余映潮老师，他的课很朴实，注重学生的精致活动和丰厚积累，设计非常巧妙，但在生成上略显不足。再如语文味的程少堂老师，他的教学语文味足，情感浓，但在教学设计的程序上太过死板，缺乏灵活性和思维性。渐渐地，自己在模仿过程中不断思考，有了一点儿心得，也逐渐认识到自己的长处和不足。

（二）读专业杂志，把握学术动向

加入工作室后，罗灿老师要求我们一定要订几本专业杂志，关注语文界的研究动态，掌握学术界前沿的思想，并积极把它应用于自己的教学，并产生效益。这期间，我订阅了中学语文主要的核心期刊，如，《语文教学通讯》（A刊和B刊）、《初中语文教与学》（人大复印资料）、《中学语文教学参考》《中学语文教学》《语文学习》《语文建设》等。这当中，我最喜欢的是两个杂志和一个栏目。《语文教学通讯》（B刊）所刊发的论文总给人耳目一新之感，引人思考，特别是每年的七、八月合刊，里面有大量的各省市比赛一等奖教学实录及反思，让人读着非常过瘾。而《初中语文教与学》（人大复印资料）则是对学界前沿的转载，其思想性、前瞻性、效益性让人视野开阔，提高格局。《语文学习》杂志肖培东主持的"镜头"栏目，以片段展示教学的构思之巧，总能给人以启迪。

遗憾的是，这样的阅读习惯后来因为忙于政务而搁置。现在回头来看，这应该是专业发展的一大失误。思想源自何处？思想源自思想。这里的"思想"一是名词，从大家、名家那里获得的精神营养；二是动词，思考，而这个思考要有触发点，这就是别人的思想，一旦这个中断，思想也就停止了。

（三）读理论专著，探求教育规律

大量阅读教学实录和核心杂志后，我也慢慢开始思考一些源头的东西。比如，文本解读应该怎么读？散文教学到底教什么？作文教学体系应该如何构建？深度学习是如何发生的？怎样提高课堂的思维流量？于是，我开始疯狂地从当当网上买书。记忆中，有一年从北京培训回来，我一口气买了九百多块钱的书，温儒敏、孙绍振、钱理群、孔庆东、程翔、王先霈、王荣生、陈隆生、吴非、朱永新、王旭明等关于语文教育的书我基本上都阅读过。

与此同时，《中国教育报》推荐中学老师应该读的100本书，我也大量地购买、阅读。特别是在此期间，我还读了大量关于心理学、脑科学的书籍。到深圳明德实验学校以后，跟随程红兵校长建构语文教学的思维模型，我又买了大量关于思维方面的书。这期间走了很多弯路，因为很多关于思维方面的书籍其实和语文教学，或者说和自己需要的东西没有任何关系。但这也从另外一个方面说明，学界在语文教育如何提高学生思维能力方面是不足的，其研究前景很广，值得我们去思考。在2015年深圳市课题申报中，《中学语文课堂模型建构研究》顺利立项，我和课题组的老师就如何提高课堂思维流量进行了一系列的研究。但因工作调动，这个课题现在尚未结题，成为我心中一个永远的痛。但在探求教学规律的路上，我没有停止，一直在行走。

（四）参加技能大赛，提升教学能力

教学能力的提升有很多种途径，不仅阅读和实践可以做到，而比赛更会带来质的飞越。我第一次参加严格意义上的大赛是参加宝安区第三届教师综合素质大赛。那时，对于这种比赛的意义尚未引起足够的重视，结果只是在现场评课这个环节中得了一等奖，通识知识考查和板书都不理想，最后只得了综合类的三等奖。后来，《中学语文教学参考》杂志举办全国高效课堂案例研修大赛，我全力准备，获得一等奖。接着，龙华新区举办首届卓越课堂大赛，经过教学设计、说课和现场上课，我获得特等奖。在工作室这些年，我还获得全国微课论文大赛一等奖、中国教育学会论文大赛一等奖、区论文大赛一等奖等十一项区级一等奖以上奖励。

参加比赛，过程是痛苦的，因为永远不知道对手是什么样的，最关键的是要准备大量的材料，在这个过程中不断地否定自己，这个过程是煎熬的。比如，龙华首届卓越课堂大赛那一次，我还在上海参加培训，而且培训课程非常满，是管理类的培训。为了比赛，我在等飞机和乘机的过程中把王崧舟老师的书看完。第一天回来，第二天开始赛课，成绩没出来我就坐上飞机飞往上海。到上海，朋友发来短信说，我得了第一名。那一刻，心中五味杂陈，几个月的辛苦、失眠的煎熬不断在脑海中翻转。后来，我离开龙华到福田工作，向浩老师本来是送我去市里参赛的，而我却选择离开，一直到现在，我还觉得有愧于向浩老师。在这一次又一次的磨砺中，我的文本解读能力、教学设计能力、现场授课能力、研究能力都得到不同程度的提高。

（五）参加课题研究，提高教学水平

教不研则浅，研不教则空。作为一名成熟的教师，一定要擅长研究，而且会研究，成为一个研究型教师。我的课题研究是跟着罗灿老师起步的。工作室成立以后，罗老师带领大家在五区十三个学校开展一个课题《中学语文阅读素养提升研究》。从开题到中期报告撰写，再到课题的结题，罗老师一步一步带领我们扎实地开展研究。等到课题结题时，我们出了5本书：《名著咀华品风流》《文苑含英觅芳菲》《教学风格渐形成》《阅读观察在行动》《课堂策略巧运用》。这样的成果在做课题之前没有一个人会想到，也令其他工作室刮目相看。这个过程告诉我，课题研究没有想象中那么难，反而充满很多趣味。就这样，在罗老师的带领下，我又参与《中学语文阅读素养提升研究》《问题探究式学习在初中语文阅读教学中的应用研究》《HSA课程模型建构研究》等课题。2015年，我也开始以主持人的身份申报课题，《中学语文课堂模型建构研究》获得深圳市教育科学院立项，《初中语文彩虹阅读》被评为2015年深圳市好课程。在随后的日子里，我带领自己的团队，利用三年时间开发出《初中语文彩虹阅读》校本教材，一共七册，六册学生用书，一册教师用书，共计117万字。

罗灿老师的广东省名师工作室申报成功以后，我有幸成为其助手。加强课题研究，课题成果辐射周边学校，作为工作室的成员肩负起责无旁贷的使命。我们针对分科导致学习背景缺失，不利于综合性、创造

蝶变——罗灿工作室成员成长的心路历程

性人才培养的事实，提出HAS课程整合的理念，即以语文学科为核心要素，以人教版初中语文教材为依据，在主题式教学中淡化学科边界，打通文（H）理（S）科界限，将艺术（A）学科一并整合。目的在于打通学科壁垒，实现各学科的有机融合，将知识融会贯通，根据学生的发展特点、生活经验、学习规律，形成学生多维视角，培养学生思维的广阔性、深刻性和批判性。经过近三年的努力，我们积累大量课程整合的成功案例，并把其汇集成册，命名为《课程整合——HAS课堂模型建构研究》，由东北师范大学出版社出版。

（六）撰写学术论文，固化教学思考

我的论文写作是从总结别人的教学经验开始的。比如，看到很多教学方法后，我就把其总结出来，形成一个小专题，这样在实际的教学中可以供所有教师参考。比如，我的论文《巧用方法另辟蹊径——文言文实词趣教例谈》总结余映潮老师、王君老师等趣教实词的例子，然后加以升华。这篇文章最初发表于2014年12月的《语文月刊》上，2015年第2期《初中语文教与学》予以全文转载，这给我极大的鼓舞。慢慢地，我也把自己的教学创意总结进去，形成一个小专题。比如，《教材处理——求变求新》这篇论文，发表于2012年第3期的《特区教育》，这是我自己进行教材处理的心得。但这些更多是点的总结，重视的是"术"，比较散，不成系统。

2014年9月，经过罗灿老师推荐，我有幸追随程红兵校长在深圳明德实验学校工作。在程校长高瞻远瞩的理念引领下，我们也开始思考"道"的东西。程校长带领大家进行了三项改革：课程重构、学科重组、课堂重建。课堂重建，程校长在对经典课例总结的基础上提出一个课程模型。这个课程模型从教学行为聚焦目标、理解迁移注重还原、评价运用注重批判三个方面提炼出七个要素：行为目标、还原背景、还原变异、还原思维、多维反思、矛盾质疑、动态视角。这七个要素中，行为目标和还原思维为必备要素，其他五个可以根据学情、文体等因素自

由组合，这样课堂就有了张力。在做这个模型建构研究过程中，我们边理论边实践，程校长又和《语文教学通讯》（B刊）合作，为我们提供平台，开辟专栏。于是，我先后在《语文教学通讯》上发表了《巧用方法另辟蹊径——文言文朗读趣教例谈》《让学生向思维的纵深处漫溯》《还原背景，培育思维力——以〈孙权劝学〉为例》《在变异理论中提高学生的思维品质——以〈记承天寺夜游〉为例》《在矛盾质疑中铺就学生思维的台阶——以〈台阶〉为例》《在还原思维过程中提高学生思维品质——以〈醉翁亭记〉为例》等六篇文章，在《教育文摘周报》上发表了《基于核心素养视角下的审辩式思维培养》，实现由"术"向"道"的转变。

　　与此同时，我也加大对德育的研究。在程红兵校长德育社会化思想的引领下，在罗灿老师的直接领导下，我构建了明德德育课程。从内容上涵盖三级课程体系：社会化的场景课程、社会化的运作课程、社会化的实践课程。社会化的场景课程又称为认识性德育课程，对应启德课程，在实施上以学科为中心；社会化的运作课程又称为实践性德育课程，对应立德课程，在实施上以活动为中心；社会化的实践课程又称为隐性德育课程，对应明德课程，在实施上以文化为中心。社会化德育课程在策略实施上有两种形式：社会模拟和社会进入。所谓社会模拟，就是模拟社会的运作形式、操作形式、样态形式等，以增加德育实施过程的体验。社会进入即直接和社会接触，深入实际的社会里。在评价上，德育社会化课程实施以学分制为依据，以可视化为策略，以明德护照为载体，进行多元、立体评价。这里的明德首先指的是光明德行，即德育的目的；其次，明德还是德育最高层级；再次，是学校的简称。在护照的颜色上，不同年级设计为不同层级的颜色，呈现出七彩的颜色。

　　课程体系需要大量的实践来呈现和印证，而实践又可以丰富和强化课程。在这个过程中，我把心得总结起来形成论文，其中《回归常识注重体验　丰富德育社会化研究》和《把权利还给学生：德育社会化另一视角》发表于《德育报》，《留一个问题给学生》发表于《教育文摘周报》。论文的写作提升了我思考问题的深度，让我从不一样的视角看问题，这大概就是一种思考力吧！

（七）提炼教学特点，打造个人风格

罗灿老师的教学风格是灵动，她希望自己的课堂有三声：掌声、笑声和争辩声。进入工作室的第八年，也就是我工作十年后，我也开始思考自己的教学风格。我曾经把自己归纳为"沉静"两个字。沉静就是针对当前浮躁、功利、虚假繁荣的阅读教学而提出的一种课堂理想和教学价值风格追求。沉静作为一种教学风格追求，具有丰富的内涵。

沉，是一种教学的价值追求——沉朴。所谓沉朴，就是沉醉、朴素。教师要沉醉于阅读教学中，把沉静作为一种自觉的文化追求。要耐得住寂寞，甘愿坐冷板凳，尽力摆脱功利主义的羁绊，沉下心来研读文本，精心设计阅读教学，不断提升自我，把提升学生的语言素养当作自己永不改变的奋斗目标，把为学生一生的阅读奠基作为自己朴素的信念。

沉，是一种学习的积极状态——沉思。所谓沉思，就是潜下心来，静心思考。这主要是从学生的学这个角度来说的。学生要在教师的引导下，充分发挥主观能动性，积极思考，能够在阅读中有自己的独特感受、体验和理解。当然，作为教师，要为学生静心思考创造条件。

静，是一种品质、一种修养，更是一种文化。道家这种守静思想对阅读教学的启示，就是阅读教学要回归到原点，回归到本色，精心阅读。这里的静心有三层含义。

1. **静心倾听**

静心倾听是沉静阅读教学的状态呈现，包含两层意思：教师倾听学生和学生倾听教师。新课标指出："语文教学应在师生平等对话的过程中进行。学生是语文学习的主人。""教师是学习活动的组织者和引导者。"阅读是一个生生、师生、个体与文本及作者对话的过程，教师要在阅读教学中"尊重学生独特的感受、体验和理解"，这就需要教师要学会倾听，倾听学生的问题，倾听学生的想法，从中捕捉学生思想的火花，建立积极的教学状态，构建和谐的阅读课堂。因此，静心倾听是一种教学技巧，也是一种教学艺术。除此之外，学生更要倾听老师。教育是一个传道、授业、解惑、育人的过程，在学生有疑问时、分歧时，教师要及时站出来进行讲解。这时，学生要学会倾听。当然，教师的讲是有要求的，要讲到点子上，讲得深、讲得厚，还要讲得巧，让学生有如沐春风之感和醍醐灌顶之效。

2. 静心思考

静心思考是沉静阅读教学的教学策略。阅读教学要有深度、有厚度，就必须静心思考。作为课堂的组织者，要把课堂还给学习的主体，把充裕的时间留给学生思考，让他们沉浸在文本中，在语言文字上下功夫，在字词句段上做文章，品味、体验、思索。这个时候的沉寂，是短暂的调整，是课堂高潮来临之前的酝酿、蓄势。而这需要教师设计出高质量、有趣味的问题，引发学生积极思考，引导学生主动探究，进而沉浸于充满文学味道、文化色彩的阅读课堂中。

3. 静心等待

静心等待是阅读教学价值追求，反映出一个教师的语文教学追求。阅读教学是一种慢工出细活的艺术，讲究思考，需要体悟。所以，要尽力摆脱教育现实的偏见，摆脱功利主义的羁绊，如花农等待花儿拔节的声音，似酿酒师等待发酵的芳香。这就需要静心等待，这时的等待需要勇气、胆识，是一种大智慧。

总之，沉静就是摒弃现实教育的平庸，摆脱功利主义的羁绊，带领学生静心咀嚼、品味、体悟、玩味、思考文本，让学生沉浸于充满语文味的课堂中，积累知识，体悟情感，提升审美，启迪智慧。

但随着时间的推移，我觉得这样的风格对于初中生来说有点儿过于压抑。语文的学习需要沉下去、静下来，但学习语文应该是有趣味、有意思的，而非整天一本正经。这就需要我们在课堂教学中链接生活，回归学科本质，激活思维。如，《孙权劝学》，这是人教版七年级下册一篇谈学习的文言经典小故事，怎样让初一的学生读出孙权劝学的良苦用心以及对学习的重要性有刻骨铭心的记忆，是需要下功夫的。为了达到这个目的，我根据《资治通鉴》编年体的特点查阅相关资料发现，文章第一句话中的"初"发生在建安十五年，即公元210年，这一年指挥赤壁之战的统帅周瑜去世，去世前给孙权写了一封遗书：

> 人生有死，修短命矣，诚不足惜。但恨微志未展，不复奉教命耳。方今曹公在北，疆场未静，刘备寄寓，有似养虎，天下之事未知终始，此朝士旰食之秋，至尊垂虑之日也。鲁肃忠烈，临事不苟，可以代瑜。人之将死，其言也善。傥或可采，瑜死不朽矣。

在这封遗书中，周瑜分析了国家危机的形势，并指出自己的接班人为鲁肃，然后撒手人寰。孙权放眼望去，举国上下，文武兼备的大将屈指可数，而已经位居偏将军和浔阳令的吕蒙也只是有"胆"而已。于是，我就还原这一段的历史，将历史和生活链接，让学生深层次思考孙权劝学的良苦用心。让学生明白，孙权劝学是形势所迫，是吕蒙职责所驱，是成为文武双全的名将的发展必然。因此，读书就和国家命运、职责使命、自身成长紧密联系在一起，这比单纯地让学生理解要向吕蒙学习、听别人劝说这样简单的道理要深刻得多。更关键的是，背景的还原指向生活，打开学生思维的空间，使得学生思考的深度加强。

二、见天地

所谓见天地就是能够走出去见识名家大师的风采，在不断地学习、思考、感悟中提升自己的教育教学水平，强调更多的是一个虚怀若谷的态度和终身学习的精神。我的成长是从参加并观摩各种比赛课、公开课以及参与主题培训开始的。

（一）在观摩学习中汲取营养

在深圳做教师是非常幸运的，学校、教育局、区教科院都非常注重教师的专业发展。在中语界，有几项赛事是非常经典的。全国赛事如"中语杯"大赛、"语通杯"大赛、"四方杯"大赛、"圣陶杯"大赛等，影响非常大。还有一些刊物举行的年会，如，《语文世界》杂志每年举办的课堂分会年会，也是名师云集。还有一些教育协会联合会不定期举办的活动，如，中南六省中语会举办的主题会议，也值得观摩。我先后在西安、桂林、南京、连云港、长沙、福州观摩这些赛事，每一次观摩回来的记录都是记满厚厚的一个笔记本。最初的观摩只是学习这些优秀教师的教学设计，拿过来用，很少思考这样设计背后的理念。我也在观摩中不断反思，提高自己的课堂效益。

在南京学习之后，我写了一篇反思，到现在已经过去七年，但我觉得仍然值得时刻提醒自己。

南京学习反思（节选）

从实际到会情况来看，雷声大，雨点小，商业气息比较浓，会议级别一般，所选展示课的教师和讲座报告人大多是江苏和河北的老师，代表性不强，区域性比较明显，没有突出大会所谓课堂教学多种风格展示的主题。但几位名师的展示课和讲座还是发人深省，值得借鉴和学习的。

1. 多一点儿生活，少一点儿说教

和青春激情派的王君老师相比，南京九中袁源老师显然属于从容沉稳派的，她的作文展示课《于寻常处见精神》，似羚羊挂角，无迹可求，言有尽而意无穷，几近完美。

袁源老师由2009年高考存在写现实生活的佳作较少的问题导入，然后由现实生活中我们常见的铅笔说起，让学生写下看到铅笔后的一句话，轮流发言，连续追问，边发言边点评，最后总结：作文要善联想，多比较，多问几个为什么。紧接着，为了检验学生的掌握情况，袁源老

25

师选取一位同学写的发生在校园中的事件的作文。在展示作文的时候，故意留白，逐段投影，引发学生的思考，并给予及时到位的点评。整个课堂，学生充分活动，教学推进如行云流水，教学语言不温不火却绵里藏针，平缓之中透深情，平静之中见深刻，给人以思考、启迪。生活即语文，教学资源无处不有，教学无形亦有形，教师永远应追求有理念的课堂。

2. 多一点儿趣味，少一点儿枯燥

语文就是好玩。这是语文味的创始人程少堂老师常说的一句话。这个"好玩"其实就是趣味、幽默，轻松学语文、快乐学语文。程少堂老师是这样思考的，也是这样做的，他不仅课堂有趣味，讲座更为趣味。他的讲座《走向名师之路》从何为名师、名师何为、为何名师三个方面娓娓道来，风趣幽默，似春风化雨。他的许多理念、观点发人深省，把课教得有趣，"趣"的程度达到"名"的程度，就是名师；有的名师的公开课是让人"仿"的，有的名师的公开课是让人"想"的；"研究自己"是新的教学原则，备课还要备幽默；追求这样的课堂氛围，先让人发笑，后让人思考；语文老师上课要会"逗"；不喜欢读诗的语文老师、不喜欢买书的语文老师、坐不住的语文老师，不会是一流的语文老师；语文要变着花样讲。语文味的提出可谓给当今枯燥的语文课堂注入一眼活泉，给人启迪。多一点儿趣味，少一点儿枯燥，我们的语文课会更精彩！

（二）在名师培养中打开眼界

参加工作的第三年，我获得一个大奖——中学语文高效课堂案例研修一等奖。学校把我作为重点培养对象，谌叶春校长，现任龙华区教育局专职副书记送我参加由中国当代语文专业委员会举办的"名师育名师"培养工程，时间为两年。接到通知后，我既兴奋又惶恐，兴奋在于我知道这里面的含金量，惶恐在于我离名师的距离实在太远了。这个工程实行双导师制：学术导师和业务导师，像顾振彪、余映潮、孔庆东、

程翔、毛继东、于永正等语文届响当当的人物都是导师。

我怀着激动的心情前往北京报到。那一周，我结识了来自全国各地的名师们，尤其是我们五期的同学，后来都成为非常好的朋友。在这一次培训中，我见识很多以前只能在电视上或报纸上看到的大家：孔庆东、赵谦翔、余映潮、王旭明、程翔、温立三等。更重要的是，在未来两年的学习过程中，我的学术指导导师是顾振彪老师，业务指导老师是余映潮老师。这个工程每半学期举行一次，在之后的培训中我还陆陆续续接触到余华、吴非、王荣生、孙绍振、吴欣歆等大师级的人物。每一次培训回来，我都把主讲嘉宾的书籍买回来，如饥似渴地读书。那两年的学习，对我来说是一个系统、全面的提升。

渐渐地，我也开始研究、思考这些大家的教育思想，到底什么样的课是好课？我应该追求什么样的课堂教学？进入工作室后，我也参加了华南师范大学组织的省级名师工作室助理的系统培训，到全国各地观摩名家课堂。2017年11月，语文报刊协会课堂教育分会年会在常熟召开，罗灿老师带领彦明、佳富、欣彤和我前往学习，罗灿老师上了展示课《云南的歌会》。课后，钱梦龙老师、程红兵校长、肖培东老师、李华平老师进行了评课。那一刻，我突然意识到好的课堂应该是这样的：在理念上，好课一定有背景（老师），更要有风景（学生）；在追求上，好课不仅教知识，更要教学生；在实施上，好课要有完整性，更要有合理性；在效果上，好课需要热闹，更需沉静；在评价上，好课要看老师教得怎么样，更要看学生学得怎么样。总之，好课要重"术"，更要重"道"，要安安静静教学，要老老实实教学。

麻省理工学院媒体实验室主任伊藤穰一、著名记者杰夫·豪在其联合专著《爆裂》中总结了未来世界三大趋势："不对称性、复杂性、不确定。"联合国教科文组织2015年发布报告《反思教育：向全球共同利益的理念转变》。在这个报告中，他们对知识进行重新界定：信息、理解、技能、价值观、态度。这就颠覆了传统学校的认知，也意味着知识不仅是静止的，也是动态的。即，教育的对象不仅是知识，还要会以正确的价值观和态度去运用知识解决问题，并且创造新知识。这对未来教育提出了新要求。无独有偶，世界银行发表旗舰报告《2018年世界发展报告》，其中一个章节的标题叫《学习以兑现教育的承诺》，特别提出"如何确保学校教育带来真正的学习"。其潜台词是，学校教育在一定程度上没有带来真正的学习，没有兑现教育的承诺。换言之，教育还没能很好地回应社会的需求。在这样的背景下，作为教师要把教育放在应对未来变化的高度来审视教育，要培养学生能够适应终身发展和未来社会发展所需要的必备品格和关键能力，这就需要在价值追求、技术层面、素养提升上实现三个转变。

1. 在价值追求上，由"育分"转向"育人"

由"知识本位"转向"素养本位"。传统教师的角色很大程度上是教授学生知识，并通过知识帮助学生获得分数。这是典型的知识本位思维，学生所学的是静止的知识、孤立的知识。这样的教育不仅摧残学生的身心健康，更重要的是当学生面临现实的情境时，这样的教育解决不了实际问题，无法适应社会的发展。

怀特海在《教育的目的》中说："教育是教人们如何运用知识的艺术。""所谓知识的利用，就是指要把它和人类的感知、欲望、希望，以及能调节思想的精神活动联系在一起，那才是我们的生活。"这就需要教师转变价值追求，重点培养学生解决问题的能力、合作协作能力、批判思维能力、创新思维能力等高阶思维能力，让学生具有求真、养善、育美的精神品格。

由"工业化思维"转向"人本化思维"。现代教育是工业革命的产物，其问题在于用工厂化的生产方式培养人，用整齐划一的模式处理受教育对象，强调效率优先。但实际情况是，人不是产品，是有感情的，是充满差异的个性。据日本铃木太郎研究，七岁儿童心理年龄（mental age）达到七岁标准的约占36.75%，达到九岁的占7.08%，仅及五岁标准的占4.51%。换句话说，同年龄的学生的发展是存在差异的，但现在教育却用统一标准去要求他们、考核他们，这是违背规律的，也是不人性化的。

一个好教师要看到现代教育的优势，更要认识到这种工业化思维的危害，要关注每一个个体的差异，让教育充满个性化、人情味。在课程上，让学习能力不同、学习效率不同的学生用不同的时间完成相同的课程；在活动上，让不同兴趣、不同特点的学生都有展示自己的平台；在评价上，利用不同标准、多方位地考查不同的学生，让学生找到适合自己的教育，真正实现幼有善育、学有优教。

2. 在技术层面上，由"经验"转向"实证"

2016年3月，阿尔法围棋（AlphaGo）与围棋世界冠军、职业九段棋手李世石进行围棋人机大战，以4比1的总比分获胜。2017年5月，在中国乌镇围棋峰会上，它与排名世界第一的围棋世界冠军柯洁对战，以3比0的总比分获胜。2017年10月，阿尔法围棋的升级版阿尔法元（AlphaZero）在没有人类导师的情况下无师自通，通过不到24小时的自我对弈、强化学习，轻松击败包括国际象棋、将棋和围棋在内的三大棋世界第一人。于是，人工智能在世界引起轰动，有未来学家预言：未来20年，现在世界上60％的职业将消失，其中就包括教师这个职业。

这些预言有一定道理，但教师这个职业需要温情和温度，这是冰冷的技术不可能拥有的。但人工智能时代的到来，对教育的冲击不能不引起教师的深刻思考。麻省理工学院院长哥顿·布朗曾经说："要做一名教育者，首先要做一个预言家，你的教育不是为了今天，而是要为学生们想象不到的未来做准备。"未来的教师要拥抱未来科技，为教育服务。用虚拟现实技术（VR）模拟真实情景，进行深度学习，让教学更入心；用人工智能技术（AI）实时采集教学动态数据，及时评价，让教学更精准，让学习更具个性；用大数据即时、多元、客观、全面收集整理学生的学习数据，可以让评价更科学。一如，老司机凭借经验开车，但因拥堵而耽误时间，但装上地图导航，通过及时反馈，躲避拥堵而节省时间。因此，教师未来要以技术撬动教学，实现由经验型教学向实证型教学的转变。

3. 在素养要求上，从"学科"走向"融合"

现代教育的学科分化有利于知识的系统化、高度的专业性的学习，但与此同时也带来因狭隘导致学科分界森严、去土壤化等问题，这种硬伤贯穿在学习者的整个学习过程中。学习前，学科知识来源缺失、背景缺乏、兴趣缺失；学习中，学科壁垒造成知识学习的条件匮乏，知识学习的片面化；学习后，知识应用缺位，学习的价值得不到体现。以《木兰诗》为例，花木兰为国杀敌为何还要自己买武器？这首民歌的写作背景是什么？我们今天为什么还要学习它？这些深度学习的发生不是一个学科能够解决的。而现实中，解决实际问题，也不是一个学科能搞定的。换句话说，在以"跨界和融合"为主要特征的未来社会里，单一学科式的教学已经不能跟上时代的潮流，不利于创新思维的提升，不利于创新人才的培养。这就需要教师不断提高自身的素养，拥有主题融合、跨学科教学的能力。

所谓学科融合，就是实行跨学科多维组合，架设学科通道，打通学科壁垒，让深井连成汪洋，从而让学生学会解决实际问题，培养创新思维能力。学科融合提供一个全新的学习视角，展现出一种全新的教学形式，其意义可以概括为三个字：通、鲜、活。"通"，即"打通"，落脚点在于知识的全面；"鲜"，即"新鲜"，落脚点在于兴趣的激发；"活"，即"活跃"，落脚点在于思维的培养。学科融合，为学生提供一种真实情境，置身情境，引发学生思考，开阔思维，培养多维思考的能力和解决问题的能力，提升思维的品质。

《黄河颂》是人教版七下语文第二单元的一篇节选课文。很多教师不愿意教，学生也不愿意学，总觉得空大，特别在朗读过程中总会发笑，课堂失控。究其原因，是教师不能带着学生走进文本。究其本质，《黄河颂》是一个音乐作品，有音乐的节奏和音乐的气势，这些仅靠朗诵是不能完全感受的。这样一首气势磅礴、慷慨激昂的诗歌是什么时候创作的？为什么创作这首诗歌？这需要历史学科来解决。在诗歌的意象选择上，为什么选择黄河？为什么说黄河是中华民族的摇篮，是我们民族的屏障？这牵涉到地理学科的知识。《黄河颂》是一首诗，具有诗的节奏美、音乐美、意象美，这是语文学科的范畴。换句话说，要想完整地理解这篇文章，理解作者的内心世界，需要音乐、历史、地理和语文四门学科进行融合。学生感到新鲜、有趣，更关键的是一步一步走进诗歌的深处，走进当年浴血奋战的历史深处。学生没有了笑声，有的是严肃的表情、愤恨的怒火和深深的思考。

杜威说："如果我们仍然以昨天的方式教育今天的孩子，无疑是掠夺了他们的明天。"因此，面向未来的教师要有使命担当的责任意识，有拥抱互联网技术的开放胸怀和自觉提升学科融合的专业情怀。只有这样，才能培养出适应未来社会发展的创新型人才。

（三）在管理培训中提升格局

教而优则仕似乎成为中国教育管理的特色，但我从未认为自己在教学上有多么优秀。工作的第三年，我负责学校团委工作。一年后，团代会召开，我当选为团委书记。半年后，我又担任了德育处副主任。龙华新区在2013年11月选拔一批干部前往华东师范大学中学校长培训中心进行为期一个月的培养，这次培训涵盖国家政策、心理教育、管理艺术、课程建构、教育发展等，系统而全面，每天都忙碌而充实，这是我第一次跳出教育看教育，立足点高了，视野开阔了，格局高了。

2016年，福田区面向全区选拔三十名中层和工作室主持人（40岁以下）进行为期一年的培养。选拔过程严格而公平，先笔试，当晚公布成绩，淘汰一批；第二天进行面试，当晚确定名单，选出三十人公示，然后委托原典教育进行拓展培训。一年内共举行五期，两次北京、一次上海、一次成都、一次杭州，每次一个主题，内容充实而具有文化味。在这一次培训中，我见识到一大批富有生机活力的名校，比如，北京十一

蝶变

——罗灿工作室成员成长的心路历程

31

学校、北京四中房山分校、杜甫小学、上海市世界外国语小学、阳明小学、天长小学、上海女子四中等。认识了一大批有教育情怀的校长、教育家，比如，李希贵、汪正贵、黄春、蓝继红、张悦颖、夏琨等。谢谢这些人正在努力打造理想的教育，构建教育应该有的姿态：缓慢而优雅，沉静而厚重，自由而舒适。

管理首先是一种引领，其次是一种服务。教育本质上是社会学，管理本质上是关系学。管理工作走向有效、高效甚至智慧，要处理好三种关系：上与下、左与右、里与外。

1. 上与下

在任何一个单位，毋庸置疑的是，我们总处在管与被管之中。所谓上与下的管理，就是管理与被管理的关系。针对学校的管理工作而言，它又包含两层含义：与上级的关系和与教师的关系。在处理好上和下的关系时，要做到忠，忠于职守，即回归常识、尊重规律、注重方法，尽职尽责完成自己的本职工作。

与上级的关系，就是与学校管理层、区教育局的关系。从管理的角度讲，学校层面是做正确的事情，而中层及一线教师是正确地做事。换句话说，就是执行，艺术地执行。

在艺术地处理和上级关系的同时，还要处理好与下的关系，即引领好教师。要做到施担子、给压力、促成长，但也要把握一个度，爱而有度、宽严适度、情法温度。

2. 左与右

左和右的关系即部门与部门之间的关系。在处理这种关系时，要注重一个字——和，即精诚团结、和睦相处。要有补位意识，互帮互助，相互体谅，相互协商，所谓"能用众力，则无敌于天下矣；能用重智，则无畏于圣人矣"。所以，要学人长处、帮人难处、记人好处。只有这样，全校才能成为一盘棋。

3. 里与外

里与外的关系有两层，一层指的是学校与家长的关系，一层指的是与兄弟学校的关系。今天的教育改革已经进入深水区，仅仅依靠学校内部完成教育是痴人说梦。处理好里与外的关系要注意一个字——诚，真诚待人。原则问题讲原则，是非问题讲是非，方法问题讲方法，做家长和兄弟学校的引导者、帮助者。

（四）在对外交流中促进发展

我一直很喜欢上公开课，有很多成功的案例，也有很多失败的案例。这些都不重要，重要的是在准备公开课的过程中，对这一文本有了更深刻的认识，举一反三，可以把这一类的文本研究透。在日常教学中，囿于种种琐事，我们总选择放过自己，但公开课，我们会逼自己一把，让自己在公开课中不断打磨自己。上了这么多的公开课，我的感受有四点。

1. 公开课是一场修行，多磨课，少磨人

我的第一次市级公开课是罗灿老师搭建的。当时微课刚刚兴起，怎么利用微课进行教学方式的转变，大家都没有经验。受深圳市教育局的委托，工作室承担了这个课题。深大附中的李姗姗老师、华侨城中学的张学新老师、深圳第二实验的杨春平老师和我，四人用微课共上一节课——《三峡》。我们每一个人选择一个点进行突破，我选择的是朗读，读出文言味；姗姗选择的是字词，译出信达雅；春平选择的是理解，评出语文味；学新老师选择的是欣赏，赏出艺术美。

上课地点在深圳实验学校中学部。为了不过多地打扰学生的学习节奏，我们四人多次开会进行碰撞，罗灿老师多次指导，最后敲定教学设计，选点突破。到正式上课的那天，学生很配合，而且事先我们做了大量的功课，总体效果还是不错的。当天，我写下这样的感言："十分钟的微课对老师提出更高的要求。教师必须深挖教材，理顺知识点，把握重难点，抓好起落点。文本解读要有准度，教学步骤要有梯度，知识传

授要有效度，教学方法要有灵活度。因此，微课不'微'，而是具体而微，关键在转变方式，目的是提供方法，目标是提高效率。"

在以后的公开课中，我都践行多磨课、少磨人的理念。没有设计好的课不上，没有想明白的课不上，不能说得清楚的课不上，多逼自己，少拿学生练手，因为课是神圣的，学生的学习时间是非常宝贵的。

2. 公开课是一次旅行，要有效，更要有趣

2014年5月8日下午，龙岗、龙华和光明三区举行教研活动，我代表龙华新区上课。为了模拟当年省儿童文学大赛的赛制，我们提前24小时抽签，然后独立备课，现场展示。我抽的是《塞翁失马》。因很多作品初中生都学过，我们授课的对象是小学六年级的学生，而且不提前见学生。

这篇寓言我以朗读为突破口，设计成一节朗读课：读得字正腔圆、意思清楚、语言通畅、层次清楚、平仄起伏，读出疑问，读懂道理，读出自我。几乎一气呵成，特别是读得语言通畅和平仄起伏环节，利用陌生化理想，很好地激发了学生的学习兴趣，整节课在读中思、在读中悟，给老师们提供了文言文教学的另外一种视角。学生和我一样，上完课特别开心、愉悦。好的公开课就是老师带着学生一起走向文本，开启一次美好的探索之旅，让学生享受这样的旅行。

3. 公开课是一种传递，有理念，有实践

2015年12月，上海名师基地学员来到明德实验学校进行交流，主题为"基于思维的中学语文教学"。我代表学校和上海的名师同台展示。

我选的课文是李森祥的《台阶》。这是一篇散文化的小说，具有地域文化特色、传统农村特色文化的特点，塑造了一个可敬而又可悲的父亲形象，文章感人而又引人深思，是一篇提升理解分析能力、多维思辨能力、鉴赏审美能力的佳作。文章围绕"阶""位""心"展开，利用矛盾推动故事情节，展示一代农民的心路历程。这篇文章深刻而又动人，但离学生的生活比较远。在教学设计上，我利用文章矛盾作为突破口，串联整篇文章，应该说设计还是比较巧妙的。但在课堂上，效果却不理想。

课程结束后，两地名师评课。程校长在肯定我的教学设计以及教学目标的同时，提出我的问题点，即问话不够简洁，师生之间不能进行有效的对话，也就是师生之间存在"隔"，归根结底是目中无"人"，对学情把握不够，对课堂调控不够。那一次的公开课我思考很久，以生为本，以学为本，不仅停留在课前分析学生，还要在课堂上因势利导；不仅有理念，更要不断实践。

4. 公开课是一个起点，有生活，有远方

2016年11月21至24日，人民教育出版社刘真福教授选取江西赣州对部编教材的使用情况进行回访。省教研员冯善亮老师让端木春晓老师推荐一位老师前往执教公开课。端木老师第一时间找到罗灿老师，罗老师推荐了我。经过冯老师的考核，我代表广东省前往赣州执教公开课。四天来，我分别到赣州章贡区文清实验学校、赣州厚德学校、赣县四中、信封县四中、龙南龙翔学校与老师们同课异构《杞人忧天》，当地教研室的语文教研员以及初中语文教师参加了会议。我的课堂以读为线索，"读得字正腔圆、层次清晰、平仄起伏、意思清楚，读出疑问，读出寓意，读出自我"，从文字的寓言逐步向文化的寓言、思辨的寓言过渡。在"读出疑问"和"读出寓意"环节，通过矛盾质疑、多维反思和还原变异，从《杞人忧天》1.0逐步过渡到《杞人忧天》4.0，学生的思维在我的引导下向广度、深度和厚度漫溯，最后学生在文本的变异中延伸出关于《杞人忧天》这则寓言新的寓意。

我的课给与会老师带来一个新的视角，普遍反映比较好。我确实在打磨这节课时下了很大功夫。但在接下来的座谈中，我却发现要改变教师的思维习惯和教学习惯太难了。很多教师在座谈时抱怨，他们对教材刚熟悉课标却又变了，还要重新备课。还有教师希望我们多提供一些教学资源，最好是成品的课件，供他们使用。还有一位教师在座谈结束后

跟我说:"老师,我认为你今天讲这个课不恰当,因为学生的思维训练我们以前没有做过。"我突然明白人教社为什么会选择回访。一节公开课,它的意义在于提供一个思路,是一个起点,希望借助公开课思考背后的理念,思考诗和远方。

三、见众生

所谓见众生,是要有责任担当,把自己有价值的思考、做法分享给别人,帮助别人,反哺社会。这是一个长远和高深的修为,我深知自己离这个境界还有很长的路要走,但忝列罗灿名师工作室近十年,虽不能至,心向往之。

(一)在师徒结对中助人

我觉得自己从教以来一直非常幸福、幸运,总能遇到很多贵人。刚参加工作时,我教初二年级。在教学上,杨峥嵘老师、刘丽珍老师都是我的师父,我和海芳、宋磊一有空就去听杨老师的课,每节课都有收获,杨老师也像待儿子一样教育我。后来遇到罗灿老师、倪岗老师、向浩老师,再后来遇到程红兵校长。就这样,使我少走很多弯路。因此,等到走上管理岗位后,我也很乐意去帮助年轻人,毕竟我们都是从年轻过来的,不能忘本。

经常叫我"师父"的有三个人,一个是李柏,一个是杨佳富,还有一个是向丽。其实,真正颁发聘书只有向丽一人。但这都是形式,重要的是我能不能帮助到他们。我和李柏很有缘分。当年,我代表工作室到明德实验学校上课,李柏和庞志伟两位老师上整合课《晏子使楚》,于是我们就认识了。后来我到明德工作,又同李柏成了同事。李柏很有才,是东北师范大学的研究生,也很好学,且悟性很高。刚到明德时,福田举行青年教师大赛,我们推荐李柏参加。我把自己在龙华区卓越课堂大赛的展示课《夸父追日》的设计理念、创新点、教法讲给李柏听。李柏一点就通,在那次大赛中拿了一等奖,然后参加市里的比赛又拿了一等奖，接着参加省里的比赛又拿了一等奖。李柏经常叫我"师父"，其实他是自学成才的，我只不过是在他有疑问的时候提供一点儿小小的支持而已。

佳富是一个重感情的人，他为爱行走，辞去老家的公职，追随女友来深圳工作。他在每学期结束开家长会时都给家长送小礼物，非常善良。记不得哪一次，罗灿老师对佳富说："你要向杨老师学习，拜他为师。"佳富真的就开始喊我"师父"。坦率地讲，我没有太多地帮助佳富，这是我的一大遗憾。因为我在明德时兼职很多，琐碎之事也特别多，偶尔会和佳富交流一下，但都不深。唯一一次比较深刻的交流就是福田区的班主任大赛，我推荐佳富参赛，让获得一等奖的纪秋君和郭敏先和佳富沟通、交流。大赛分两部分，一部分是德育论文大赛，另一部分是现场抽题答辩。他的论文我是认真改过的，但现场答辩环节我对佳富的培训不够，只是给佳富提了几个问题，其中一个是关于劳动教育的。结果，当天佳富真的抽到关于劳动教育的话题。但因模拟不够，最后只得了二等奖。

向丽是一个非常严谨的小姑娘，很有文气。她是武汉大学研究生毕业，学文艺学的。她外表很柔弱，但很好学。在明德第三届师徒结对上，我成为她的师父。她经常去听我的课，我也经常去听她的课。曾经，她在班主任管理和课堂教学上是分不开的，有时语文课上成了班会课。当我听到这个消息后，跟她进行深入的交流，帮其化解了一次危机。在以后教学过程中，我先上课，然后她在我的基础上上课，可以借鉴，可以批评。其实到后来，我发现年轻老师在教学能力上没有太多的问题，问题点在于如何管理好课堂。向丽也存在这样的问题，只要把课堂管理好，教学的效率就是水到渠成。于是，我转变方法，开始教向丽如何掌控课堂。遗憾的是，不久后我离开明德，回到龙华，总觉得愧对向丽。

（二）在日常教学中帮人

最近五年，我基本上都在带毕业班。学校是新学校，年轻老师比较多，中考备课的压力非常大。在集体备课中，我首先制订一个范例，然后要求备课组的老师依据范例去做，做完我再修改，最后共同形成定稿。在初三教学中，我要求他们先看我是怎么上的、上到什么程度，然后再根据学生的实际情况进行授课。

学科组的日常公开课是教学教研非常好的途径。我至今怀念在明德实验学校时和程红兵校长以及文科组的老师一起听课、一起评课。遇到好课时，程校长显得特别激动，常说的一句话就是"好玩"。我也记得在龙华区首届卓越课堂大赛时，陶印宝老师对我的鼓励："杨老师非常儒雅、稳重，适合上大课！"这句话一直激励着我。因此，在日常公开课时，我总是对上课人给予鼓励，在温和质疑的同时进行建构，希望通过这样的方式帮助年轻人。

（三）在常规管理中度人

走向管理岗位后，培养教师成为我的主要任务。每一年甚至每一学期，对于谈心没有效果的老师实行降级，重新来过。

我的谈心基本是从听课开始，不止一次地听某一个老师的课。课后评课同样是先鼓励、再建构，然后针对这个老师存在的问题再推心置腹地沟通，从站稳讲台到未来专业发展，从生活谈到远方。我始终认为，校园是文化人聚集的地方，绝大多数老师是积极上进的，是有主动发展需求的。关键时刻，我们要拉他们一把。

2019年元旦，我写了一篇文章——《2019年，做一个自己喜欢的人》。我希望的自己是在课堂教学上精益求精，做到无怨无悔；在专业阅读上持之以恒，做到内心从容；在专业反思上逐步深入，做到笔耕不辍。2019年，我离开明德回到龙华，开始践行自己对自己的承诺。我主动上公开课，供大家批评。课后写教学反思，写论文，坚持听课，把自己的所思所想贴到网上供大家监督自己。我甚至希望，在未来的两年内，我能够出两本书：一本叫作《跟着青年教师成长——我的听评课》，一本叫作《反思：一个教师成长之路》。我希望能够通过这样的方式带动一部分年轻人，让他们主动成长、有为担当，进而促进他们的专业成长。

　　花开蝉鸣，落叶纷飞，星移斗转，十年即过。一路走来，贵人相助，友人相随。感恩程红兵校长、罗灿校长、冯善良老师、端木春晓老师、倪岗老师、向浩老师、杨峥嵘老师、刘丽珍老师、程宇赫老师给予我的指点、支持，感谢彦明、李柏、玉东、佳富、心彤、学辉、学新、姗姗、乔波、传开、春平、黄皓、张皓、文玲、璟琦、刘恋、贞贞等兄弟姐妹的帮助。时间很短，天涯很长，一山一水，一朝一夕，弥足珍贵。守住流年，共聚罗校长门下，在各自的岗位上为基础教育做一点儿探索，搞一点儿研究，听微风过处，看岁月静好！待那时，方不辜负工作室之培养。

以梦为马　奔向光明

——我在罗灿名师工作室的成长历程

深圳市教育局　马彦明

"浮云一别后，流水十年间。欢笑情如旧，萧疏鬓已斑。"一转眼，我已经在教坛走过了十个春秋。十年间，陪伴一届又一届学生走过了最美好的岁月，在一节又一节语文课堂上留下了最难忘的印迹。我自己也从一名初登教坛的青葱少年变成了一个"心宽体胖"的中年教师、学校管理者。回顾所来径，十年间最难忘的经历，就是在罗灿名师工作室这个大家庭温暖的呵护下，一步一步走进了语文教学的殿堂，成长为一名内心光明的语文老师。

孟子曾说，君子有三乐："父母俱存，兄弟无故，一乐也；仰不愧于天，俯不怍于人，二乐也；得天下英才而教育之，三乐也。"对于我而言，这句名言或许要修改为"吾生有三幸"，因为在我十年的教学生涯中，居然拥有了三大"幸事"，真可谓"幸甚至哉"！

一、名家领航呵护成长，一幸也

德国哲学家康德说："这个世界上唯有两样东西能让我们的心灵感到深深的震撼：一是我们头上灿烂的星空，二是我们内心崇高的道德法则。"在语文教学领域，有多少前辈名师用自己毕生的精力研究语文教学的规律，用自己毕生的心血探寻语文教学的法则。他们就是我们头顶的灿烂星空，也是青年教师成长的指路明灯。幸运的是，我的成长之路，得到了众多名师专家的引领和指导。

2011年2月，我有幸加入罗灿名师工作室，这是深圳市首批名师工作室中唯一一个初中语文名师工作室。我至今记忆犹新的是与罗灿老师的"相遇"。之所以给相遇加上引号，是因为这在外人看来只是一次普通的通话，然而对于我来说，却有着非凡的意义。2012年2月初的一个下午，我第一次与罗灿老师通话。电话是罗灿老师打来的，一个温柔而诚恳的声音从电话那端传来："彦明，我早就听黄校长提起你，说你是一个奋发有为的好老师，我很荣幸能够认识你这样的青年才俊，在工作室里请多多指教！"这不是我应该说给恩师的话吗？然而她却是这样谦虚而诚恳。那一刻，我感动得眼泪差点掉下来，只因为那一份真诚的尊重。而随着与罗灿老师交往的深入，我发觉谦虚与尊重似乎是她与生俱来的品格：对待程红兵、程少堂等教育名家，她总是虚心求教；对待工作室的同人，她总是耐心地听取大家的意见和建议；对待学生，她更是处处体现出尊重。在她获得全国第一名的"四方杯"比赛现场，她问学生："我们这样概括，你批准吗？"这样的瞬间，在罗校长的生命里或许已经成为常态的小细节，但在每一个和她相处的人心中，却化成了甘甜的清泉，滋润着心田。

罗灿老师的心中，一直在坚守一个清澈的理想。

一个关乎教育的理想。因为理想，她坚守着健全人格教育的内核，坚守着对事业的一丝不苟、励精图治，以及对教育事业的敬畏之心，更坚守着改革创新、永不满足的卓越追求。她是深圳最年轻的高级教师、最年轻的语文名师工作室主持人、最年轻的广东省"新一轮百千万工程"培养对象，更是第七届"四方杯"全国优秀语文教师教学能手、全国优秀语文教师教研能手和全国优秀语文教师全能奖大满贯得主，

蝶变
——罗灿工作室成员成长的心路历程

是全国中学语文首届学术先锋人物。这一切成果，无一不是用辛勤的汗水浇筑而成，无一不是用无私的奉献换来的。所以程少堂老师说："这一切，对于别人而言或许是上天眷顾，但是对于罗灿，却绝对是天道酬勤。"然而，谦虚的她几乎从来不会主动说起这些荣誉。相反，她还会向比自己年轻的同行请教。在教育的征程上，她乐在其中，无私奉献。无数个深夜里，她仍旧在钻研教学修改文章。当三本厚厚的工作室论文集和她的个人专著《灿灿的教育星空》放在我们面前的时候，我看到的是她逐字逐句累积的心血，是她一点一滴汇聚的对教育的满腔热忱。

罗灿老师另一个可贵的品德便是无闻。

她说："在罗灿名帅工作室里，我负责为大家服务。"她也的确这样做了。工作室成立以来，罗灿老师带领着全体成员，以主题活动为线，探索培养青年教师的新路子。仅"名师义工开放课堂"之微课堂及微沙龙活动和"名师进校园"活动，罗灿名师工作室就总共承办了6届，参与的老师达到了25人次之多，几乎覆盖了工作室全部成员。工作室的门户——新浪工作室博客，发表博文共计356篇。工作室还拥有自己的核心刊物——《阅读中》三期，合计140992字。另有工作室核心论著三本：《阅读观察在行动》《课堂策略巧运用》《教学风格渐形成》，合计451605字。工作室所发挥的精英团队示范辐射力，多次受到众多专家、同行的高度赞赏，这也是工作室继续努力、寻求突破的重要动力。历尽铅华成此景，人间万事出艰辛。当工作室成员在舞台上大放异彩之时，罗灿老师总是坐在观众席为我们加油，认真倾听。一如一泓清泉，她只为征程上的我们提供解渴的甘霖，却从来不会诉说自己的艰辛。她心中的泉水，澄澈如镜，从来不曾泛起涟漪。

2014年7月，经由罗灿老师推荐，我有幸加入深圳明德实验学校，当程红兵校长微笑着向我伸出温暖的大手时，那一刻我竟激动得热泪盈眶。那个平时在铅印的书籍和杂志上才能见到的全国教育名家，此刻正清晰地站在我面前。从那一刻起，程校长不仅成为引领我走向语文教学殿堂的恩师，更成了引领我精神成长的恩人。

程校长经常说，自己本是一介书生。在他身上也确乎拥有一种与众不同的气质，这种气质正是知识分子独有的伟岸精神，是教育者独有的人格魅力。与罗灿老师、杨金锋老师和工作室成员共同追随程校长的岁月，是在程校长的爱护和指导下幸福成长的岁月，更是在程校长伟岸的人格濡染下正道直行的岁月。

程校长是人格伟岸的大先生。

人民教育家于漪先生说："教师的生命融入事业之中，生命和使命同行，人格就能散发出耀眼的光辉。"程校长用自己的言行举止，践行着于漪先生的教导，彰显着伟岸的人格魅力。程校长经常教导我们："为文以真，待人以诚。"他是这样说的，更是这样做的。程校长对待身边的每一个人都是真诚的。对学生，他总是眼里满溢着关爱，只要不出差，他一定会站在门口迎接学生，与他们击掌，无论刮风下雨。他用平等的眼光看待每一个学生，甚至每学期都会召开学生座谈会，亲自与学生座谈，请他们谈一谈对学校各项工作的意见和建议。对教师，他总是呵护青年教师的成长，一天听七节青年教师的课，与青年教师真诚交流，指出其教学中存在的问题，帮助教师改进。他更充分给予教师成长的自由空间，让教师在游泳中学会游泳、在教学中学会教学、在课改中学会课改、在创造中学会创造。当教学效果不理想时，当教师在班级管理中遇到挫折时，程校长总是说："我负责担责，你负责继续努力，我们一起找原因。"这样的尊重和信任、关爱和呵护，温暖着明德的每一位教师。记得很多次，程校长都单独找我谈话，深情地回忆他当年在于漪老师、冯恩洪校长的鼓励下成长的经历，并且送给我一支刻有"全国名师工作会议"字样的钢笔，勉励我奋发向上。不仅我自己，罗校长、杨金锋老师等工作室同事也都得到过程校长同样的关爱和温暖。程校长将老一辈教育家提携后辈、鼓励上进的赤诚之心无私地传递给我们，呵护和帮助着我们成长。

程校长是赤子情怀的教育家。

有人说，程校长是一针见血的批评家，勇于对教育界的假丑恶进行毫不留情的批判；也有人说，程红兵校长是预言家，经常对教育的本质规律和未来发展趋势做出精准的判断。认真学习程校长其人其文，才会发现，这一切都来源于他对教育的一片赤诚之心。因为赤诚，所以批判。程校长批判教育界的伪创新、虚概念，是因为他不忍看到我们的教育演变为皇帝的新装。程校长批判学校治理中的形式主义、功利主义，是因为他希望我们的学校能够真正培养具有中国情怀和国际视野的优秀人才，而不是沦为做题的机器。程校长批判学校课程和课堂教学的封闭、僵化，是因为他希望我们的课堂能够点燃学生思维的火花，能够真正教给学生智慧。所以，程校长的批判中总是那样饱含深情，总是那样怒其不争。但是，对于程校长而言，批判仅仅是他思考研究的第一步，在批判之后，他又带着那份赤诚之心，开始了重建和创造。因为赤诚，所以他相信"每一个教师所站立的地方，就是中国教育之所在；每一个教师如何，中国的教育便如何；每一个教师是什么素质，中国的教育便是什么质量；每一个教师心向光明，中国的教育便不会黑暗。"因为赤诚，所以程校长勇于面对别人认识不到的问题，构建常人不敢设想的理想，实施常人不能实现的改革。因为赤诚，所以程校长选择在自己三十年教育生涯的辉煌时刻只身来到深圳，创办一所"全面改革"的学校。罗灿老师和我，以及杨金锋、李柏、王玉东、杨佳富、左心彤、朱国芬等名师工作室的成员，能够加入程校长一手创办的这所理想学校，在程校长的亲自带领下一起建设共同创造心中的教育理想，何其有幸！

二、锐意改革共筑理想，二幸也

罗灿老师加盟明德不久，被评为深圳市第二批名师工作室主持人。2018年，罗灿老师又被评为广东省名师工作室主持人。罗灿老师特地聘请程校长担任工作室学术顾问。程校长把罗灿名师工作室的牌子挂在学校里最显眼的位置（行政会议室门口），每次有专家领导来参观访问或调研开会，程校长都非常自豪地介绍一番。不仅如此，程校长还非常热心地指导工作室的发展。

程校长是高瞻远瞩的思想家。

他经常引用杜威的名言大声疾呼："如果我们用昨天的方式教授今天的孩子，我们将掠夺他们的明天。"他也经常引用哥顿·布朗的话语热情呼吁："教师要成为预言家。"程校长放眼未来，研究世界对教育的需求、国家发展对人才的需要，同时回归教育原点，研究生命成长的基本规律，以及学生发展对教育的诉求，将东西方教育精华高度融合为明德的校训："明德正心，自由人格。"将学校的办学思路概括为"把教育打开"。程红兵校长说："把学校打开，就是把各种有利于学生成长的元素引进校园，成为学生成长的精神养料；就是让学生走出学校，走进真实的社会生态、人生情境，在实践中理解中国、理解世界。"

在程校长和罗灿校长的带领下，我们跃马扬鞭，开展了一系列明德改革的研究和探索。在社会化德育方面，小初部由杨金锋老师牵头开启了社会化德育的改革实践，开发德育"海豚护照"，开展丰富多彩的德育活动，研究成果在《德育报》发表；在高中部，我们围绕落实立德树人的根本任务，编制了高中学生综合实践课程谱系，开启了"一生三导师"的创新人才培养探索，我们将研究成果写成论文，发表在《中小学教材教学》上。在课程谱系方面，罗灿校长亲自带领明德教师和工作室成员积极开发包含德育、体育、艺术、科技以及国际理解与交流的K12课程体系，涵盖小学一年级至十二年级一以贯之的课程系列。罗灿老师带领工作室成员申报了《中学语文阅读素养提升研究》《问题探究式学习在初中语文阅读教学中的应用研究》《HSA课程模型建构研究》等课题，并顺利结题，我有幸参与其中。我本人关于明德高中拓展课程的研究论文《基于核心素养的明德拓展课程系统化改革策略》也发表于《新课程评论》。在学校治理方面，程校长亲自带领罗灿校长和我参与国家"十三五"重点课题、教育部重点课题《教育治理现代化进程中学校治理体系变革研究》，并于2019年顺利结题，专著由福建教育出版社正式出版。

程校长是脚踏实地的改革家。

当今的时代，信息飞速发展，各种技术日新月异，随之而来的各种教育口号和概念层出不穷。但是，明德的改革不是冠冕堂皇的口号，而是踏踏实实的研究；明德的研究不是凌空蹈虚的装饰，而是真刀真枪的实践。在明德，每周五下午都会召开全校的教研会议，程校长和罗灿校长都要亲自参加，全程参与，认真观摩教师代表的公开课，认真聆听教师代表的分享，大家一起研究课堂、研究教育。不知多少次，程校长和罗灿校长被老师们的讲述感动得热泪盈眶，罗灿校长把老师们的教育叙事汇集成《繁星絮语》并出版。在明德，程校长基于问题导向和目标导向，要求每一位教师都开展课题研究，程校长和罗灿校长躬亲示范，率先组成课题研究组，所有成员每月都要提交研究作业，课题组主持人要逐个批阅并提出改进意见。罗灿校长将研究成果汇集成《HSA课程模型建构研究》，由东北师范大学出版社出版。在明德，我们成立了《明德学报》编辑部，由程校长担任主编，罗灿校长担任副主编，我担任编辑部主任，每学期都将教师的优秀教研成果发表在《明德学报》上，印发给全校教师传阅。每一年我们都用年鉴的方式整理记录学校的办学经验、教师的研究心得和获奖成绩。程校长说："这些都是学校发展过程的第一手历史资料，客观真实，完完整整，我们都以年鉴的形式留存下来，这是对学校负责、对学生负责、对老师负责，这也是对历史负责！"很多年以后，中国教育改革的征程上是否还有明德的一席之地，我们并不知道答案，但是我们可以清楚地知道：明德的改革由程校长和罗校长带领我们共同书写，面对历史，我们问心无愧，因为我们敢于对历史负责。

三、笔耕教坛耘籽课堂，三幸也

于漪老师说："课堂教学，是教师的安身立命之本，要全身心地投入，用生命歌唱。"在明德，程红兵校长擘画了明德课程改革的三大路径：课程重构、学科重组、课堂重建。在罗灿校长的带领下，我们扎根课堂，描绘出明德课改的别样风貌。

（一）课程重构

中国的现代课程体系是在学习和借鉴西方课程理论和实践经验基础上形成的，经过近百年的发展，我们已经形成了体系完备、脉络分明的现代课程谱系，为教育发展和人才培养做出了突出的贡献。但是也能清楚地看到，我们现有的课程依然更多是建立在"知识本位"的基础上，而不是建立在"生命本位"的基础上，在形态上壁垒森严，在方式上注重训练、强调记忆。这种课程形式难以满足学生个性化发展的需要和未来社会对人才核心素养的要求，更难以满足国家"培养德智体美劳全面发展的社会主义建设者和接班人"的目标任务。在明德，在罗灿校长的带领下，我们站在学生的立场上思考问题，站在学生的认知规律上重构课程。文史不分家，这是学界共识，现今中学的大多数语文课和历史课都面临一个突出问题，就是历史过于强调历史事实的灌输而变得枯燥无味，文学却过于强调表层语言的华美而变得软弱无力；历史集中于历史现象的呈现，因此视野狭小，文学却放任于漫无目的的欣赏，因此杂乱无章。归根结底，这是学科界限过于明确细分而导致的门户弊端。要深入学习中国文化，就必须破除严格的学科界限。

于是，我们开始了一次文史结合的大胆创新，将历史的"骨架"和文学的"血肉"有机结合，重构一种鲜活的课程生态——《中国文化原典阅读》。我们尝试使用文史结合的模式，选取中国历史上对中华民族精神产生过重大影响的伟大作品作为学习的对象，打通学科壁垒，让历史有趣，让文学有序，让思品感人，让教育"润物无声""让民族精神如血液一般在学生的体内流淌"（程红兵校长语），恰如其分地实现了习近平主席"把这些经典嵌在学生脑子里，成为中华民族文化的基因"这一目标。在罗灿校长的带领下，我们编写了初中、高中的《中国文化原典阅读》系列教材，连续两年被评为深圳市好课程，我们将中国文化课程作为学校的固定课程，每周一节，语文、历史老师共同备课、搭伴上课，让学生的精神接受中国文化的滋养。我代表学校在上海于漪德育实训基地研讨会上执教了《中国文化原典阅读》中的课例《颜氏家训》，得到了黄荣华等上海名家的高度赞赏。我将执教心得写成论文，发表于《中学语文教学参考》，并被人大复印资料《高中语文教与学》全文转载。

与此同时，高中部的郭塄钰、王玉东老师和名师工作室的老师们还一起编写了《西方思想名著选读》，选取西方著名哲学家的代表作，由语文和政治老师一起备课、上课，让学生仰望智慧的星空，从哲学家的思想中学会思想。在中国语文报刊协会课堂教学分会上，我执教了《西方思想名著选读》的课例《苏格拉底的申辩》，引起了强烈的反响。我将执教心得写成论文，发表于中国语文报刊协会会刊《语文世界》。不知不觉间，明德的课堂生态发生了变化，我个人在课堂上也有了不小的收获。最重要的是，鲜活的课程为学生的生命成长打开了一条新的跑道，学生变得乐学好学、智慧善良。

（二）学科重组

同一棵大树，在木匠的眼中是木材，画家看到的是色彩和色调，植物学家看到的是形态特征，化学家看到的是组成元素，文学家看到的却是"霜叶红于二月花"。学科分化有利于知识的系统化、专业性，但学科去背景化的问题、人为割裂的知识边界，让学生的理解变得狭隘、片面，不利于培养完整的人。未来世界，对于人才的综合能力、审辨思维和创新意识提出了新的、更高的要求，这就需要从现有的教育中寻求突破，从现有的课堂中进行培养。对此，罗灿名师工作室申报了《HSA课程整合》专业课题，以语文学科为核心要素，以部编版初中语文教材为依据，在主题式教学中淡化学科边界，打通文科（Humanity）、理科（Science）的边界，并与艺术（Art）学科一并整合，旨在寻求不同分科课程内容之间所具有的逻辑上和价值上的相关性，借此打通学科壁垒，优化学生的认知结构，培养学生思维的敏捷性、灵活性、深刻性、独创性和批判性。在整合课程课堂中，根据课程价值定位、课堂教学内容与课堂教学目标，将明德课堂模型要素进行组合，形成兼具思维流量与思维增量的多元HSA课堂模型。在罗灿老师的带领下，工作室成员呈现出一节又一节别开生面的课堂：《黄河颂》的课堂，历史教师讲授母亲河的文明史，地理教师讲述黄河的现状，当学生对母亲河有了基本认知之后，语文老师讲授诗歌的节奏美、意象美和音乐美，最后音乐老师带领学生共同沉浸在大气磅礴的交响乐中；《花儿为什么这样红》的课堂，化学老师讲授色素反应的知识，生物老师讲授开花授粉的知识，语文老师讲授说明文的写作特色，课堂展现出一派多元、生动的生态。工作室学科重组的改革受到了同行的关注，在省市学术交流活动中上公开课，受到广泛好评。工作室将课堂的改革结集为《课程整合——HAS课堂模型建构研究》出版。

（三）课堂重建

课堂是教师的主阵地，课堂是怎样的，教育就是怎样的。在此之前，我们有很多的学校、老师研究各种各样的教学模式，根据程校长研究，大约有6000种。但是教学模式是一种固定化的静态模式，而真正面向学生的课堂，一定是因材施教的，一定是灵活开放的。有人问于漪老师："您的教学模式是什么？"于老师说："我没有模式。"于漪老师的"没有模式"说出了语文教学艺术性的关键所在。所以，程校长提出课堂模型的概念，根据PISA、批判性思维理论以及国际评估理论等，提炼出了课堂模型的三个方面：一是教学目标聚焦行为，二是理解迁移讲究还原，三是应用评价注重批判。罗灿名师工作室全体成员扎根课堂，进行了课堂模型建构的深入研究。以我个人为例，我尝试运用批判性思维开展初中的童话教学，在程校长的指导下执教了《皇帝的新装》后，撰写论文《初中童话课，让学生的思维飞一会儿》发表在《语文学习》上。正是这一次的教学尝试，让我开始重新审视和反思自己的课堂教学，撰写了《中学阅读课应该教什么》，对语文阅读教学进行了深度反思，发表在《教育文摘周报》上。几年来，我先后发表了《变异理论指导下的原型辨析教学尝试》《还原思维，为理解文本拨云见日》《还原思维视域下的现代散文教学》《阅读教学要有文体意识》《教新闻应重思维培养》《教古文不妨用用新技术》《在"变异"教学中练就学生的火眼金睛》等文章，内容涵盖文言文教学、诗歌教学、新闻教学、现代散文教学等方面，课型涵盖了阅读、写作、复习备考等方面，在一节又一节的课堂上努力实践课堂模型的运用，自己收获了心得，课堂充盈着思维流量，学生的素养也得到了提升。教育是农业，不是工业。课堂教学是技术，更是艺术。在课堂上耕耘，需要厚植在学情的沃土上，需要在文本中扎扎实实地走几个来回，更需要把学生放在课堂的中央，平等对话，智慧交流。在语文教学这条道路上，我还需要继续努力，深入探索。

四、美美与共，相互成就

名师工作室是一个象征，象征着教育主管部门对教育发展的关注和希望；是一份责任，希望能够通过我们的智慧，研究教育的规律，破解教育自身的难题，促进教育优质公平发展；是一块实验田，让我们在其中拓展思路，为教育的创新发展、为学生的健康成长大胆尝试；更是一个孵化器，汇聚一批优秀教师，构建一个学习共同体，相互帮助、共同研讨，彼此碰撞、共同成长。我个人认为，要建设好一个有凝聚力的名师工作室，要建设好我们共同的精神家园，需要做到以下几个方面：

（一）确定相同的教学理念

教学理念是人们对教学活动的看法和持有基本的态度和观念，不同的教学理念决定了不同的教育行为。名师工作室的建设，首先需要在教学理念上加以构建。只有理解到教师是所有行业中唯一与人的思想感情发生亲密接触的职业，才能肩负起教师的育人使命；只有充分认识到学生是学习的主体，才能真正让学生站在课堂的中央；只有充分理解了教师的主导作用，才能真正发挥好教师的引领作用，提升学生的关键能力。

（二）建设同心同向的团队

名师、名校长是工作室的灵魂。作为主持人，名师的首要任务是唤醒同伴的发展意识。任何一位真心热爱教育的教师，在最初选择这一职业时，都有一份美好的梦想，都有对自己职业发展的期许。但是随着时间的推移，随着环境的影响，有很多教师的梦想之光渐渐黯淡了，甚至出现了职业倦怠。山重水复疑无路，柳暗花明又一村。名师身上自带的光芒、强烈的感召力，能够使工作室的成员更加清楚地看到教师专业发展的路径，能够更好地唤醒同伴的发展意识。

（三）确定共同的研究重点

名师工作室作为一种学术研究的共同体，其凝聚力似乎并不来源于职权赋予的行政力量，而更多来源于学术感召力。名师工作室的全体成员需要静下心来，深入研究学科教学和学校发展中的重难点问题，密切关注全国教育教学的热点问题，结合本工作室的定位，确定好共同的研究重点，然后通过任务驱动的形式推动研究的开展和工作室成员的成长。借鉴上海"双名"工程的经验，工作室的任务可以有三类：①实践研究类，比如，专题研讨课、示范课等；②成果固化类，比如，课题研究、撰写专著等；③带教辐射类，比如，举办活动、带新教师等。

（四）人文而有效的组织规范

作为一个学习共同体，工作室的发展一定要注重条例规范的建设，比如，工作室的教学研究制度、课题研究制度、中期汇报制度、结题评审制度、财务制度等。在工作室的活动中，要以规则促进工作室的发展和教师的成长。但是需要注意的是，工作室的制度要更加注重人文关怀。比如，上海为每一位见习教师规定每周都要进行外出学习，并且需要学校和工作室予以支持。再比如，工作室的中期检查以自查为主要形式。这些措施都很好地体现了制度的人性和温度，值得我们学习。

（五）展示交流和研讨的平台

我们说，名师工作室是一块实验田、一个孵化器。因此，搭建平台促进教师在教学研究领域进行交流和展示，可以更好地促进工作室成员的成长。名师工作室可以构建本工作室的交流平台，如，博客、QQ群、微信群等，定期开展线上的专题交流和研讨，确定主要发言人，促进成员之间的交流学习；也可以利用现代的互联网技术，通过录制微课等形式，让教师在常规的教学中相互交流、共同成长；更可以利用在全省的影响力，通过举办专题研讨会、课题研究会，组织、参加高级别的课堂大赛等，为工作室成员搭建更高的平台。

（六）较为丰富的研究成果

名师工作室的发展，是一个"桃李不言，下自成蹊"的影响过程，是一个润物细无声的生长过程，更应该是一个鱼跃龙门、凤凰涅槃的成果提炼过程。因此，一个优秀的工作室，必须要让每一个成员都具备研究意识和成果意识。教师不仅要深入开展基于教学的研究，还要熟悉研究范式和成果提炼的途径。比如：①问题引领式的成果提炼，基于教学中的问题，总结解决问题的途径和经验，形成成果；②假设验证式，围绕教学研究中的前提假设，通过实验验证，总结规律，形成成果；③实践递进式，不断总结自己在教学实践中好的做法，顺次深化，提炼为观念和主张；④经验叙事式，通过自身教学故事的叙述，反思自身的教学实践和精神，归纳其中的教育意义。总而言之，名师最大的幸福就是培养一批名师，只有工作室成员"各美其美"，才能真正实现工作室的"美美与共"。

十年岁月，流光溢彩。罗灿名师工作室星光灿灿，成果辉煌。回顾十载春秋，我依然清晰地记得2011年深圳市罗灿名师工作室成立大会上，作为成员代表的大师姐蔡献红老师深情地说："教育意味着一棵树摇动另一棵树，一朵云推动另一朵云，一个灵魂唤醒另一个灵魂。"在罗灿名师工作室的近十年时光里，罗灿老师带领我们彼此"摇动"、相互"唤醒"、共同"推动"。十年来，我们一起跟随罗灿老师到全国各地参加教学研讨会，领略钱梦龙老师等语文名家的风采和智慧。十年来，我们自己也在工作室有了明显的提升和发展，涌现出一批又一批全国语文比赛获奖者和省市区教学比赛特等奖、一等奖获得者。最重要的是，十年来，工作室已经成为我们温暖的家，成员们感情甚笃，成为值得一生珍惜的好兄弟、好姐妹。

落其实者思其树，饮其流者怀其源。衷心感谢程红兵校长、李镇西校长、罗灿校长等一直关心和支持我成长的导师们，感谢支持和关心工作室发展的于漪老师、钱梦龙老师、王晨老师、周宗俊老师、张吉武老师、余映潮老师、程少堂老师、马骉老师、唐江澎老师、肖培东老师、郑朝晖老师、陈继英老师、何勇老师、易英华老师、张万利老师、张矛老师、李焱老师、田剑波老师等前辈名家，感谢工作室的兄弟姐妹：学新、金锋、传开、春平、乔波、姗姗、树蕾、黄皓、惠惠、李柏、玉东、心彤、佳富、学辉、少冰、吴珊、国芬、玉辉、淑贞……让我们心怀感恩、心向光明，让我们相信希望，相信种子的力量，继续在语文教学的田野里踏踏实实耕耘、安安静静办学。

吾将上下而求索

——我的名师工作室成长心路历程

河源碧桂园学校　谢学辉

从教十多年以来，看着一些学生了无兴趣的课堂学习状态，看着学生匮乏的阅读量，看着学生迷茫的眼神，我也陷入了深深的困惑与迷茫：我们需要给学生提供怎样的教育？我们需要给学生提供怎样的课堂？我们需要如何引导学生认识世界、适应未来？困惑之际，我的心里闪现了一句话："方向比努力更重要。"是啊，迷茫的时候，不妨慢下脚步，重新思考方向吧。恰在2018年的下半年，我有幸成为罗灿省级名师工作室的学员。我知道自己水平有限，但正因如此，我怀着惶恐、期待的心情，希望在名师的引领下成长，提升教学水平，无愧于教师的身份。在工作室的几年时间里，我以饥渴的状态，急切地学习着、探寻着、思索着。

一、学习

（一）阅读教育专著，提升理论水平

我从小就是一个书迷，大学里更是曾立志向钱钟书看齐，希望横扫学校图书馆。但现在回想起来，我的阅读量虽然积累了一些，可是非常

杂，没有系统性。尤其作为教师，缺乏对教育专著的系统性阅读，这是非常不应该的。意识到这个问题之后，我开始有意识地改变阅读方向，从之前的横向泛读转为专业纵向的深读。余映潮、程红兵、李镇西、钱梦龙、黄厚江、肖培东、程翔、于永正等教育名家的专著，我都或借或买来阅读。通过阅读学科专著，我开始反思自己的学科教学。

作为一名学校中层管理人员，除了学科著作，我也阅读关于学校管理、发展方面的著作，如，《优质学校形成规律探索》《校长专业素养》《学校的挑战》《李镇西校长手记》《学校管理从何入手》《学校应该是一个有诗意的地方》《从入学到毕业》《建设一所新学校》等。此外，我也涉猎教育改革方面的书籍，如，《今天我们怎样做教育》《重启教育改革》《朱永新说教育》《基础教育课程改革通览》《美国中小学课堂观察》《芬兰教育全球第一的秘密》《课程改革：新世纪的国际视野》《未来学校》等，了解一些学校改革创新案例，关注国内外的教育探索。

（二）参加培训活动，领悟名师思想

我喜欢参加培训，因为培训活动中往往有机会在短短的时间里近距离地同时接受众多名师的教导，并且带来思想的碰撞。在工作室学习期间，除了校内交流、培训，罗校长还带领我们工作室成员外出参加了多次培训活动。由于上班地点在河源，有些活动我协调不出时间参加，但只要有机会，我都积极报名。比如，2018年12月4日至8日，我参加了广东省2018年名教师工作室入室学员培训项目研修班；2019年5月，罗灿老师带领工作室成员连续参加了在深圳举行的"洞见系统的力量——学校战略与品牌峰会"与在昆山举行的"面向未来的学校变革——智慧校长领导力高峰论坛"；2019年11月底，工作室成员参加了在杭州华东师范大学附属杭州学校举办的中国语文报刊协会课堂教学分会2019年会暨钱梦龙课堂教学艺术研讨会。这些培训活动拓宽了我的视野，也常常触动我产生一些不成熟的思考。

二、探寻

在教学实践中，我积极地反思自己，探寻教学方法。记得读余映潮的《致语文老师》时，翻到书中关于"教学理念的创新"一页时，就被余老师的教学理念触动了。他写道："语文教学，必须追求有效、高效。在这种追求之中落实对学生的教育与教学，提升学生的综合素养，为学生学好其他课程打下基础，为学生形成正确的世界观、人生观、价值观，形成良好个性和健全人格打下基础，为学生的全面发展和终身发展打下基础。"反观自己的语文课，恰恰就是欠缺有效、高效。从此，我开始鞭策自己使教学朝着"学生活动充分，课堂积累丰富"，提升课堂的思维流量，使课堂更有深度。

《这个时代需要真语文》一书中汇集了众多语文教育名家的文章，读后，我在思想上受到了很大的冲击。这本书启发我备课时要更加注意，不要进行过多的问题预设，而应将更多的时间用来关注学生在课堂上生成的问题；不把多媒体课件设计成线性的流程，上课时根据需要适时地使用，不需要时甚至课前精心设计的幻灯片也不使用；业余时间坚持练习书法，在教学中有意识地向学生传授写字技巧；引导学生关注身边的社会生活，用语言能力反映、概括、提炼、升华，构建与真实社会生活接轨的语文课堂。可惜，现在的学生假期作业太多了，学生普遍害怕周末、假期，因为意味着他们将会领到做不完的试题、作业，尤其是寄宿学生，周一至周五已经与校园围墙外的社会生活脱节，周末、假期又不得不趴在书桌前做一大堆的书面作业，甚至还要上补习班。试问，学生还有时间接触社会生活吗？还有时间和家人温馨相处、好好交流吗？还有时间参与家务、参加社会实践吗？还有时间自由阅读吗？连体验的时间都没有多少，更何谈思考社会生活。如此一来，要让学生写关于节日、亲情、社会等的感悟，他们除了抄袭或者写陈词滥调的套作，还能有其他方法吗？我们在作文中能见到真情实感吗？都说"生活即教育"，只有做到教育生活化，让学生走进生活，才能让学生真正领悟真谛。所以，我在教学实践中鼓励学生多阅读书籍之余，引导他们注意用心观察社会，认真思考生活，课堂上注重思维拓展，把课堂内容向课外延伸。

因为自己对诗歌理论、诗歌写作比较有兴趣，并且在业余时间偶尔也写诗，所以每当与学生完成诗歌课文的教学后，我都会忍不住再安排专门的课堂与学生交流诗歌的文体知识、创作方法及我的写作经验，鼓励学生尝试诗歌创作。印象最深的是2018年秋季学期所带的七（4）班学生，因为他们在上完我的课后参与诗歌写作的学生特别多，而且调查后发现，全班只有一位学生是第二次写诗，其他学生都是第一次尝试。更令我惊喜的是，很多学生写得还挺好。看着交上来的几十首诗，虽然稚嫩，但对学生来说却是一次难得的尝试。我索性一不做二不休，继续带领学生一起编辑班级诗刊。文字录入、诗刊名称、版面设计等，学生都积极参与，分工合作，还有擅长绘画的学生手工画插图，大家干得不亦乐乎。最后，我们经过投票，一致决定将诗刊名称定为《时光印象》。可惜的是，还没来得及组织第二期诗刊的投稿，我便暂别讲台一年，和校长一起去参加河源碧桂园学校筹建工作了。

世界各国年均阅读量统计及我国国民阅读调查统计结果显示，我国国民的阅读量依然很不理想。我在2015年开始协助校长负责推动源南学校的广东省书香校园创建项目，并开展相关课题研究。2018年，源南学校被评为河源市七所之一、江东新区唯一一所广东省书香校园。加入工作室后，我也有幸见证了工作室对于原典阅读、彩虹阅读、HAS课程等方面有益的探索，这些探索给我今后的工作带来了很大的启发与指导。

三、思索

（一）关于课程

如果用农耕时代、工业时代、信息时代、智能时代来比喻教育发展的阶段，一些发达地区的教育可以说已经到了信息时代，甚至是智能时代，而一些落后地区的教育基本上是尚处于农耕时代。这种区别不是指多媒体等科技层面的区别，而是指课程与时代接轨程度的区别。作为落后地区，我觉得我们要思考的一个问题是制定适合当地、面向现代化、面向未来的课程。

如成都万汇国际学府总校长蓝继红所言，我们对国家课程缺少本地化、特色化、生活化的二次解读，导致课程离学生的生活距离太远，学习过程中只能更多地停留在被动地背诵、记忆、训练层面，很难有主动思考的机会。看上去老师在教、学生在学，然而学生的主观能动性没有被激发。由于没有适合校本的课程理念，导致校园环境缺乏灵魂，没有和我们的教育行为相辅相成。因此，就像西安新知小学校长刘岚所言，我们应转变育人模式，促进学习方式的转变；从课程视角反思教学改进，促进学习的评价改革；注重校本、生本课程的开发，建立师生共同成长的机制。

"课程是学校最重要的核心竞争力，是一所学校区别于其他学校师生能力与水平的最有力证物。"一所学校如果没有科学的课程结构、合理的课程设置、适合的课程内容，即使理念再先进、校园再漂亮、制度再规范，也只不过是空中楼阁。

筹建新学校时，我们筹建组成员反复讨论，最后一致认同：人类最好的教育，是让每个学生享受适合自己的教育。筹建组最终决定将新学校的办学理念确定为"提供适合学生的教育，成就师生的幸福人生"，目的是以学生为本，以每个学生的全面发展为本，真正做到关注每个学生，促进每个学生最大化发展，为每个学生的终身发展和一生幸福打下良好的基础。为了将理念变成学校的行动，内化为教师的教育教学行为，落实适合的教育理念，我们拟开发适合学生个性发展的校本课程，让课程适合每一个学生，让课程促进每一个学生。一是普及课程——国学经典、心理健康教育课程等；二是实践课程——开设创造发明、机器人、航模、建模、天文观测、科学论文撰写、科幻等科技类课程和绘画、书法、舞蹈、篮球、足球、茶艺等艺术类课程；三是节庆课程——艺术节、科技节、读书节等；四是活动课程——让学生在活动中张扬个性、提升能力，享受学习活动的快乐。我们希望通过学校的课程建构，达到培养学识渊博、品行雅正，具有创造思维、家国情怀、国际视野的现代栋梁之材的目标。

王嘉研究员在《中国未来学校创新计划》一书中提到，未来学校要更加关注人，正确认识和处理好人与技术的关系，重新认识学习、理解课堂，重构学习路径。

朱永新教授认为，未来学校将会是学习中心，没有固定的开学和毕业时间，教师的来源和角色多样化，学生一人一张课表，学习将是基于个人兴趣和解决问题需要的自发学习，是零存整取式的学习。

杨宗凯教授认为，未来学校将通过信息技术促进教育流程再造，打破传统教育中标准化、流水线的生产方式，进行个性化和差异化的教学，解决长期以来困扰教育发展规模化与个性化的矛盾。

如程红兵校长所言：“办学必须读懂学校，有学校未来发展的战略构想，确保学校教育给学生带来真正的学习能力。要培养学生拥有面对未来的技能，有创造力、批判性思维与解决问题、沟通、合作等品质教育。”

在深圳举办的战略与品牌峰会上，程红兵校长引用了杜威的一句话：“如果我们仍然以昨天的方式教育今天的孩子，无疑就是掠夺了他们的明天。”我们的课程不仅要立足今天，更要面向未来。

中华人民共和国成立后，我们在短短几十年里完成扫盲任务，并实现九年义务教育，对于一个发展中国家而言，是一个了不起的成就。但近些年我们也应该看到，时代的变化、信息来源的多样化，传统以讲授为主的教学模式已经不能被学生接受。因此，我们应该在立足今天的同时，探索面向未来的课程。我们也欣喜地看到，一些学校已经在国家课

蝶变——罗灿工作室成员成长的心智历程

程的基础上为学生拓展选修课。如今年新开办的中山大学深圳附属学校在罗校长的带领下，整合优质教育资源，推出150多门拓展选修课，形成了独具中大附属学校特色的课程谱系。周二至周五，每个学生每天都有一节自己心仪的拓展或选修课，真正实现了一学生一课表，让学生自由生长、全面发展、幸福成长。

（二）关于教育改革

习近平在党的十九大报告中强调，中国特色社会主义进入新时代，我国社会主要矛盾已经转化为人民日益增长的美好生活需要和不平衡、不充分的发展之间的矛盾。

如北京师范大学毛亚庆教授所说："时代如何回应人们对美好生活需要的期盼，更好的教育、更稳定的工作、更满意的收入、更可靠的社会保障、更高水平的医疗卫生服务、更舒适的居住条件、更优美的环境、更丰富的精神文化生活。"需要我们教育相关部门给出的回应是，给学生提供好教育、好学校。我国经济经过几十年的工业化发展，很多农民工进城务工，因此出现了很多留守儿童，这些留守儿童从小缺少家庭的教育，长大后要组建家庭时，可能比较难适应家庭生活中应该与家庭成员互相关爱包容、互相承担家庭责任的需要。基于这种情况，我们的教育应当避免单纯追求高升学率，避免单纯用考取211、985等名校作为教育的唯一导向，而更应该思考结合地区、社区特点，在国家课程的基础上，建构适合本地区、本社区的课程，让我们的学生从小接受责任教育——思考如何把自己所在地区建设得更加美好，而不是一味想着考取名校。

中共中央、国务院近日印发《深化新时代教育评价改革总体方案》（以下简称《方案》），为我国今后的教育指明了方向，对教育评价体系重新做出了改革。这一改革也是对现行应试教育的挑战，将对我国教育产生深远的影响，是非常值得我们期待的。

诚如日本教育专家佐藤学说的："教育是一场静悄悄的革命。"

哥伦比亚"新学校"模式发起人薇奇·科尔波特也说："社会学家总是希望推动社会变化，实质的改变只能通过两种方式：轰轰烈烈的社会革命，或者静悄悄的革命——教育。"

按照布迪厄场域理论，艺术、宗教、政治、经济、文化、教育都可以看作是一个个单独的场域，一个场域就是在各种位置之间所存在的客观关系构成的一个网络。社会就像是多种场域的结合，它们之间有一定的界限，有时又是相互重合的；场域之间是相互独立的社会性空间，同时也是相互联系的，它们共同构成了社会。当我们在谈论语文的时候，我们其实是在谈论整个教育；当我们在谈论教育的时候，我们其实是在谈论事关社会发展、百姓幸福的事情。正因如此，我们无法避开其他社会场域孤立地思考教育场域的事，也无法避开其他与教育相关的场域孤立地思考语文科目。

四、感恩

非常感谢广东省教育厅开展的名教师、名校（园）长工作室项目。记得在2018年入室培训结束之际，我忍不住写下了几句感言：我们点燃了"冬天里的一把火"/点燃我们事业的热情/让我们的教育青春不会蹉跎/点燃学生对美好的渴望/让他们对知识不再冷漠/点燃工作室的圣火/让南粤不再被称为文化的沙漠/点亮文化自信之火/让民族富强之路越走越阔。

感谢罗灿老师成立工作室，把宝贵的经验传授给我们。罗老师总是那么低调、平和，但我从她朴实的言行中学到了很多宝贵的知识和经验，也拓宽了眼界。能跟随罗老师学习，是一种幸福；在工作室学习过程中的各种场合与金锋、少冰、吴珊、玉辉、李柏、玉东、佳富、心彤、国芬、淑贞这些优秀的老师一起追求教育理想，是一种幸福；同时也非常感谢众多名师、名校长给我的启发，能通过各种场合、途径学习、聆听他们的教诲，是一种幸福。

　　我会牢牢地记住华南师范大学教师发展评估院王红院长对我们学员提出的殷切期望，加入名教师工作室后，在物理空间、社会关系、情感链接和价值追求等层次上逐渐向工作室的老师学习和靠拢，同时争取在不断的学习和实践中走出自己的成长之路。路漫漫其修远兮，吾将上下而求索。

做一个心中有爱、眼中有光的教育者

——我在中大深圳附属学校的筹建经历

中山大学深圳附属学校　范世华

"去年10月15日，我们建立联系，认识整整一年。"今天上午10时15分，手机跳出来一条信息，来自可爱的灿灿校长，语言依旧是简洁有力，但情感满满。如此细心又真情，只有她了，一如既往，阳光灿烂。这个特殊日子，来自罗灿校长的温暖信息把我带入了一段难忘的回忆，正是这段经历，让我从罗灿校长身上看到了一位教育者所具有的大爱、格局和品质，对我影响至深。

一、立足学生的视角，学会换位思考

与罗灿校长有缘相识，是因为受命于光明区教育局的工作安排，筹建中山大学深圳附属学校。因工作需要，我和来自秋硕小学的田兆丰老师、爱华小学的陈桂老师先后进入筹备组，在教育局计财科办公。虽然有教育主管部门和中山大学相关人员的指导，但我们三个受工作阅历和经验的局限，涉及学校建设的大的决定我们都不敢拍板。于是，我们总是等待校长的决定。在等待的过程中，我们经常像孩子一样偷偷地跑到人事科了解校长招聘和到位的时间。最后，经过全国遴选，确定了有着正高职称和很多荣誉的罗灿老师任这所学校的校长。这个结果让我们欢喜又担忧，欢喜的是如此年轻又优秀的校长，只看获得的荣誉和著作就足以让我们震撼，优秀的程度绝对与中大深圳附属学校相匹配；令我们担忧的是，这么优秀的人会不会嫌弃我们三个新手，能力的差距能不能让我们彼此好沟通、好相处？带着这些疑虑，10月15日，因校舍设计项目研讨会的召开，我们与罗校长建立了联系。

我对罗灿校长的初印象是她雷厉风行但又不失体贴的工作作风。罗校长那时还在深圳明德实验学校工作，怕打扰她工作，我们加了微信。当我试探性地给罗校长发了工作汇报的信息，收到的是闪电般快速的回复："好，辛苦。"再加一个三个小水滴的汗水表情。我紧张的心放下来了，心想这位校长真不错，回复信息如此及时、简洁还体贴。接下来的几次信息沟通，她的回复也都是如此迅速和简洁，又饱含对我们的充分尊重和信任。记得之后在一起讨论工作时，罗校长大多数时间都在认真看着对方的眼睛，听对方说，自己说得很少，总是综合别人的意见和建议，但对自己看准了的判断却是雷打不动的坚持。

第一次见罗校长本人，是在明德实验学校会议室召开中大深圳附属学校图书馆设计研讨会，那次程红兵校长也参加了会议，并给图书馆的设计提出了很好的建议。那次的建议最终由于设计师对教育理解不够的问题，没有很好地落实到实际的设计中，留了遗憾，但我们从那次研讨会中感受到了程校长这位教育专家的高远视野和精神风骨。因为有程校长在，罗灿校长更是很少说话。看得出，她对程校长非常尊重和信任，但偶尔几句对设计团队的提问，却是句句切中要害，对我这个听了半年工程会议却还有点懵懂的人来说真是羡慕至极！罗校长对学校图书馆的设计非常重视，所有的想法都是从学生的角度出发的，她希望图书馆使用木地板或木质的台阶，要有童趣的设计，符合学生的天性，让学生可席地而坐随性阅读，爱上图书馆进而爱上读书。因为工程预算已经批复，原设计中图书馆地面是瓷砖，为了修改这个设计，研讨会后她就带着我直奔福田的百安居家居市场，逐个店地选材料、询价钱，按照预算批复的瓷砖价钱来对应找木地板和防滑瓷砖。选瓷砖的时候，她还亲自要求店家现场实验瓷砖的防水功能，并踩上去试试防滑程度。那一刻我真是很有感触，罗校长和我，两个对自家装修都不闻不问的人，为了学校的装修跑遍整个建材市场。整整3个小时，一口水未喝，一下没坐，腿都软了，嘴也干了，值吗？值！一所学校能有这样的校长，值得。

对罗校长来说，学校的设计适合学生的就是好的。学校的设计方案中有一个中央大道的特色设计，校长觉得这里以后可以给学生做旱冰场，这个设计好；看到洗手间的设计没有更衣间，就亲自调整了设计，增加了更衣间，解决学生运动后更换衣服的问题；考虑到对学生视力的保护问题，邀请专家反复研讨电子投影仪的使用标准和对学生视力的影响，精选对学生视力伤害最小的产品；为了让学生能有健康的身体，亲自沟通并与中大附属第七医院达成协议，邀请45位医生作为每个班级医生导师，为学生的健康成长保驾护航；为了让学生能更充分地休息，亲自研究设计了教室午休床。

二、对时间吝啬，对金钱吝啬，对师生从不吝啬

在学校设计定稿之前，罗校长带着我们调研了深圳市二十几所学校，每次调研都是一整天，上下午都安排得满满的，一次调研2～3所学校，一天下来10个小时左右，除了坐车，其余时间都是站着或者走着，辛苦程度可想而知。罗校长一直认真参观，精力充沛，似乎想把所有看到的好的设计都直接搬到学校的设计方案中去。我曾经很累很累，累到想就地躺一会儿的时候，心里就琢磨：是不是罗校长每天吃保健品，坚持锻炼身体，才会如此精力旺盛？后来集中办公时才知道，她哪里吃什么保健品，哪里有时间健身，都是和我们一起吃方便面和饼干（学校周边拆迁，餐馆、便利店都搬走了），忙起来午觉都顾不上睡，所谓的保健品其实是更高的精神追求、肩负更大的教育使命使然。

平日里，很少见罗校长闲在那里喝茶，更是很少见她出去和别人吃饭。她说过，不喜欢应酬，不喜欢社交，喜欢把时间都用在实实在在的解决工作问题上。不过，在这所学校招生的时候，罗校长却表现出反常的"热爱"社交。本可以依靠学校的招生宣传视频和教育局、街道社区的各平台直接宣传，但她说："我们是新学校，一定要让学区内单位和家长了解到位，这是我们的责任。"她亲自到中山大学附属第七医院为学龄孩子的医生家长们宣讲，跑遍学区内的2个街道、5个社区、3所公办小学、幼儿园、部队还有税务局等事业单位，亲自宣讲学校的办学理念、未来规划，为学校的生源做到位的宣传。为工作付出，她对花费时间是毫不吝啬的。

还记得，为了学校未来有高端的信息化设备支撑教学，发展科技特色学校，和世界一流科学城相融通，经过筹备组研究，拟定了智慧化校园的全光网项目。原信息化项目的标准远远低于目前学校建设的需要，但在预算限定的情况下，经费是个问题。经过反复沟通，罗校长最后忍痛割爱，把校园文化设计的亮点项目去掉，经费补充至全光网项目。为此，罗校长还邀请了比较有经验的市二高何建军老师和明德实验学校的刘桂龙老师全程参与这个项目，从选定全光网相关的系列产品到市场询价，到最后的经费对接和细化，证实了全光网项目的可行。而且经过我们的精确计算，经费远远少于原预算。

罗校长不仅惜时，还很节省公款使用。学校采购办公桌椅时，为了节省经费，筹备组4人整整一个月跑遍了福田和罗湖的家具市场、学校办公桌椅生产工厂，还亲自往返5个小时调研佛山家具市场。终于，功夫不负有心人，"淘"到了物美价廉的办公桌椅。对于这个超大规模的学校来说，着实省了不少钱。但省钱的工作也不是一帆风顺的。为了给学生做午休床，筹备组找到一家木质和油漆环保指标非常高的家具品牌工厂，公司听说我们未来总共有6000多个学生，很开心，生意预期不小，但几次设计汇报和价格核算后，发现我们的标准是最高的质量但是最低的价格，就干脆不合作了。那时，距离开学还有2个月，影响了我们原定的交付计划。但尽管如此，达不到我们的标准就不合作，这是罗校长坚持的招标采购工作中的铁定原则。后来我们内部经常开玩笑说校长很"抠"。其间，想和我们合作的商家因为我们的砍价功夫快被吓走了，但经过一段时间的相处，还是有商家会被我们这个团队的敬业精神所打动。其实，最开始我们有很多的不理解，学校公款的使用只要符合招标程序和要求就行，为何还如此辛苦斤斤计较，用公款比用自己的钱还节省，我们平日加班的工作餐也就是方便面和饼干、八宝粥，谁能看到校长和我们的辛苦呢？后来，我明白了罗校长的良苦用心：一方面，政府自上而下都在节省开支；另一方面，她想把省下的钱用在教师和学生身上，希望新学校一开学，师生们能有个精彩亮相，想给教师做一套体现学校文化和气质的服装，给学生做带有学校标识的书包，而这些就得靠节省才能实现。之前罗校长是不解释的，当别人了解到实际情况夸赞罗校长的时候，她都会将这份功劳归功给我们三个，我们既感激又受之有愧。这就是罗校长团队合作的理念，教导我们要勇于挑战、彼此欣赏、彼此成全。别看校长加班吃方便面，我们三个偶尔外出调研的时候，她会很大方地转给我们红包，用自己的钱让我们三个在外面解决午餐，吃好的。罗校长对自己、对行政团队是粗放的，但对教师和学生却是非常细腻的。有时我们会"嫉妒"她对教师和学生们的好，但我们都明白，她是以身作则，让行政干部严格要求自己，树立正风正气，历练出刚毅廉洁的团队，如同校训"光德明礼，守正创新"，这样的管理团队才能让人信服，让社会看到学校的希望。虽然我们备受"煎熬和折磨"，但我们深爱罗校长，她严于律己，宽以待人的工作作风，同化着我们。

三、心里有爱，眼里有光，脚下有风

因罗校长在北京参加特级教师培训，我有幸随她去北京调研学校，

那是我们第三次因工作见面（罗校长12月7日到任之前一直在明德实验学校进行工作交接）。11月中旬，北京已经很冷了，罗校长先我两天到达北京参加培训。我到宿舍安顿好后，和罗校长见了面，她就拿给我一张提前办好的北大学校食堂的饭卡让我用，并说，用完她那里还有。晚上罗校长带着我去北大的食堂吃晚餐，快到食堂门口的时候，她加快两步走在我的前面，撩起了厚重的棉门帘儿，让我先进去。当时，一股暖流涌上心头，遇到姐姐一样的校长，自己真是幸福！接下来的相处中，我都能深深感受到罗校长为人处世的涵养。

因罗校长白天参加培训走不开，就提前帮我联系了参观的学校，我先自己参观。只要下课，她就会过来和我会合。记得一天下午，我独自去参观北京三十五中，参观途中发了些学校景观图片给罗校长。罗校长觉得这个学校的校园文化很有特色，很值得看，当即决定从北大赶过来和我会合。那时是傍晚6点钟，又是北京的冬天，又黑又冷。我建议她坐出租车过来，暖和一点儿。她说坐地铁快，不能让三十五中的老师等久了，毕竟人家已经下班了。有过北京生活经验的我，知道下班高峰期的地铁是什么样的拥挤状态，有点儿心疼校长从那么大的北大校园走出来，再去挤高峰期的地铁跑过来看学校。大概50分钟，罗校长从地铁口出来，我在人群中一眼就认出了她，带风的行走速度，昂首挺胸，满身的自信，丝毫看不出已经培训了一天。那一刻，让我对我们的学校的未来充满了信心，这是一位可以给人充分安全感的同事和校长。重又回到三十五中，三十五中的那位老师和罗校长、我在灯光昏暗的校园里各自开着手机的手电筒，借助微弱的灯光参观了校园，看了图书馆、音乐厅、食堂、教室、鲁迅故居，虽然天很冷，很黑，但罗校长像学生一样，听得很认真，也很兴奋。快晚上8点时，我们参观完，在学校旁边一个做北京卤煮火烧的街边小饭店里吃晚饭。我点了两碗带汤的火烧，也不知道罗校长喜不喜欢，但罗校长说好吃。我们边吃边讨论着三十五中的学校设计和对未来我们的学校设计的构想。吃完饭，听到罗校长接到培训班的同事打来电话，叫她过去聚餐，我才知道，当晚罗校长为了来参观学校，缺席了培训班集体的结业活动。那时我的感受是，罗校长是个很真实、很接地气、很真性情的校长，在她的心里，学校和学生永远排在第一位。

罗校长的工作从不因循守旧，也不落入俗套。之前我、陈桂、小田都对校舍外观的设计争论过多次，但都无果。罗校长到位后，为了让校舍的设计与办学理念相符，与世界一流科学城相匹配，改掉原设计中的大众色，她带领筹备组调研了深圳、北京30多所学校，看见生活中好的色系搭配就拍照给我们几个看，启发大家，最后提出了自己的方案，并经专家论证，与工务署等区相关单位反复沟通，与设计公司一起不断研讨，成功实现了外观设计的优化，用极致的追求实现逆转。工作计划性强、标准高、推进快是罗校长典型的工作风格。到位之后，她就带着我们做了筹建工作操控表、大事记、倒推表、简报模板，涉及筹建工作120多项，事事记录详尽，推进及时有效，按照计划，实现在9月1日如期顺利开学。对此工作方式和效率，我佩服不已。曾经，校长让我完善近两年筹建工作的简报记录，补得很辛苦，我曾经想过偷懒简单处理其中一些环节，但校长说："这就是这所学校的历史。"这个定位吓了我一跳。于是，我乖乖地一次次回忆，利用每日的零碎时间整整补了一个月。后来因工作安排，我离开中山大学深圳附属学校，进行工作交接的时候，感受到了这份资料的历史价值和现实意义。特别感谢罗校长那时的严厉，让我完成了这件事。虽然过程有些折磨，但我明白，作为筹建者，这将是对这所学校最负责的工作之一。

对学校进行课程设计的时候，她首先考虑给学生健康的身体，然后是开阔的视野和丰富的见识。她能跳出学校的条件限制，寻找社会资源对学校教育予以补充，先后与中山大学和中大附属七院合作、与世界冠军合作、与体育中心合作，引进大学教授、世界冠军、大学生的优质资源，拓展校内师资力量，开设150多门拓展课，让学生从小就有开阔的视野、远大的志向、丰富的学识、充分的自信。她总说："要心中有爱、眼里有光、脚下有风，做一个对学生有爱、对事业有敬、对时间有惜、有追求的教育工作者。"

罗校长平时和我们三个在一起的时候，总是喜欢"听"我们的。大多数情况下，我们三个喜欢说，罗校长喜欢听，听后就夸赞我们三个有经验、有想法，做事有水平。当时我们都很自信，毕竟我们三个都在教育局挂职过，还算是有点"见识"的。后来渐渐发现，有时我们的想法并不成熟，只是罗校长谦虚、有胸襟、有气度，也有她自己清晰的判断。无论我们的建议是多么不成熟，在她眼里，重要的不是这个结果，而是我们通过这个过程可以不断成长。和学校的EPC方开研讨会的时候，我就发现了罗校长的智慧。记得那次为了推动恒温泳池等几个变更项目，罗校长在会上偷偷给我们发信息，让我们讲究谈判的策略，做好谈判的分工，最后她来收尾。那次，让我对罗校长有了新的认识，平时和我们在一起，她是"退后"的，放养我们、培养我们，让我们大胆放手工作，充分锻炼自己；对外，她是冲在前面的，引领我们、保护我们。这是她对我们的爱，也是培养一个团队的智慧，对我们三个日后在工作中带好团队是一种很好的历练。

整整一年的相处，对我来说，罗校长是我人生中的贵人，亦师亦友，她的勤奋、专业值得我一辈子学习，她的待人处事无数次温暖着我、感动着我，也同化着我。对外人来说，这是一位名校长，但对于我，她更是一位真善美兼具的教育家，令我心向往之，敬仰万分。

这段筹建工作的经历，是我一生的宝贵财富，把罗灿校长的教诲变成自己的教育追求，做一个心里有爱、眼里有光的优秀教育者。此篇文章虽较粗糙，但都是真情实感，送给罗灿校长，也永远保留在我心里。

立美育人　向阳追光

——我的工作室成长心路历程

中山大学深圳附属学校　谢秀君

2020年是不平凡的一年，是深圳经济特区建立40周年奋勇争先的大庆之年，是中山大学深圳附属学校开创新校昂首阔步的大干之年，尤其对于来光明区十多年的我，更是赶超追跑践行新时代"加速度"的关键之年。今年我有幸加入了中山大学深圳附属学校，工作岗位也由原来的分管德育、安全和办公室到全面分管中山大学小学部的教育教学工作。并且受罗校长之邀，加入罗灿校长的广东省名师工作室。荣幸之时，也感受到了肩上的压力，感受到了这份担子的分量，饱含着上级领导和校长的高度信任，因此责任甚于欣慰。

一、名家引领，且思且行再启航

对于中山大学深圳附属学校的创校校长罗灿的认识，原来的我仅停留在新闻媒体上，停留在业界同行的口口相传中。媒体中的罗灿校长，是中国教育领导学与管理学界的大师和名人，是广东省正高级教师、广东省特级教师、广东省名师工作室主持人、广东省"特支"名师、广东省"三八红旗手"、深圳市地方级领军人才、全国中学语文首届学术先

71

锋人物，并先后任职于深圳实验学校和明德实验学校两大名校。业界口中的罗灿校长，是一位教育家。她懂教育规律，懂学生世界，懂社会需要，有国际视野，有未来人才观念，有非常先进的教育思想。虽然认识罗校长才短短几个月，我眼中的罗灿校长，却是学生的慈爱妈妈。让每位学生有明亮的眼睛、挺拔的脊柱，是她时常挂在嘴边和心头惦念的。考虑到学生中午午休只能趴在桌子上，为了能让学生躺下来午休，她设计了一度成为深圳首创的儿童午休床；考虑到一年级的学生运动量大，出了汗之后不及时擦干容易感冒，她特地为学生准备了汗巾。除此之外，她还为全校每位学生都准备了书包……

通过和罗校长接触，了解到罗校长的成长经历从未离开过教育，从未离开过校园。从语文老师逐渐成长为名老师、名校长，罗校长的人生，仿佛就是为成为教师而生。除此之外，我还发现罗校长和蔼可亲，见多识广且幽默风趣并善解人意，她不但眼里有光，而且心中有爱。就是这样一位校长，她走到了我们中间，来到了我们身边，并且将会在今后的日子里陪伴在我们左右，带领着我们一起绘制这一所理想中学校的蓝图。在和罗校长相处的过程中，也促使了我对自己的工作有了新的思考，并进行了重新的梳理。

二、提升专业，扎根教研勇实践

（一）师德为先，锤炼师德，永葆初心

学生到底喜欢什么样的老师？什么样的老师才是好老师？这是初为人师的我一直思考的重心。苏霍姆林斯基说过："从今天起，你就是学生最信任的人。"我逐渐明晰好老师的基本素养包括良好的文化素质、较强的教学能力、高尚的职业道德，并希望自己在未来的路上永远是学生最知心、最信任的人。

（二）依托教研，打造特色课堂

在教研过程中，我逐渐梳理出了教学科研工作的八字方针，即备

课要"深"、上课要"实"、作业要"精"、教学要"活"、手段要"新"、考核要"严"、辅导要"勤"、质量要"高"。

1. 扎实教学，示范引领

教学，是专业自信之源。明确了奋斗目标之后，我精心准备每一节课，坚持走在教学一线，主动承担公开课、研讨课、示范课，积极参与研讨。通过备学生，知己知彼百战胜；通过备教材，突出重难巧设计；通过磨课，巧用设备找毛病；通过实录，反复锤炼自己的语言。在不断的实践中，逐渐形成"脑中有课标、心中有课程、眼中有学生、手中有教法"。通过扎实的课堂实践，学生掌握了基本的音乐知识和技能，增强了感受与鉴赏音乐的能力、表现和创造音乐的能力，促进学生热爱音乐，在音乐学科中达成"唤醒教育活动的每一个生命，让每一个生命真正'活'起来"的目的，引导学生感受艺术之美，尽享快乐之美！

除此之外，我还紧扣新时代要求，努力打造特色课堂。新的时代精神注重素质教育，注重学生的生活经验和体验，关注学校教育的日常生活，关注生命、人格、尊严。音乐教育是素质教育的重要组成部分，音乐课堂又是实施素质教育的重要载体。相对传统教学法，体验式教学则产生根本性变革，焕发了课堂教学的真正活力，有利于提升小学生的艺术修养，有利于凝聚小学生的团结协作能力，更有利于陶冶小学生的情操，丰富情感体验，使当代小学生更加符合新时代的发展需求。因此，我以新时代背景下的素质教育为出发点，对新时代背景下体验式教学在小学音乐课中的运用现状及实践展开研究。开展体验式教学实践研究，无论是出于自身的研究兴趣、学术发展还是对于当代小学生素质教育的提升，都是一个有意义的研究方向。

以歌曲《小小的船》教学课程为例，经认真设计，我将学生对音乐的感受和参与放在重要的位置，将学生在玩中学、在玩中感受音乐的方式作为主要教学手段，再结合听、拍、读、唱、敲、演等手段，让学生在活动中主动体验音乐学习。主要体现在：①激发学生的学习兴趣。在教学过程中，首先创设情境，激趣导入，运用打电话的方式和"月亮"小朋友对话，利用了学生的好奇心，激发他们学习音乐的兴趣。②重视音乐实践，鼓励音乐创造。通过"听听、拍拍、敲敲、玩玩"，让学生在音乐中感受和体验。在创编三拍子动作活动中，大胆放手，让学生自由创编三拍子动作，不断通过音乐实践，增强学生音乐表现的自信心。③以美感人，以美育人。在初听音乐让学生驾着小船遨游夜空这一环节中，让学生感受意境美。通过学唱《小小的船》，充分表达了学生渴望探索宇宙奥妙的美好愿望和对大自然的热爱之情。具体如下：通过创设情境，引导学生体验音乐学习；关注学生，促进学生参与音乐体验活动；渲染氛围，推动学生感受音乐体验活动；创造音乐，让学生成为音乐创作体验者，引导学生感受音乐之美、体验音乐之美。体验式教学实践活动开展以来，从参与度来看，学生参与音乐课堂的积极性提高了；从教学效果来看，学生对音乐要素的感知和深入理解能力增强了。通过这样的方式激发学生的创造潜质，鼓励学生大胆展示，积极地参与课堂，打破传统的思维方式，让学生在体验中学习，能带给学生无穷的乐趣，也让学生从中感受到创作带来的喜悦。除此之外，教师应善于倾听学生的回答，细心观察学生的课堂表现，并用机智的语言给予评价，营造出一个生动活泼的课堂教学氛围，使每一位学生都能体验到成功的喜悦，享受到音乐的乐趣，让"乐"于参与的心情持续涌动。

2. 立足教研，以研促教

研究，是成就名师之道。提高音乐教师的综合素质是当前音乐教育发展的需要。音乐教师不仅要成为音乐教学实践的主力军，而且也应该成为音乐教育理论和解决音乐教育实际问题的研究者。音乐教师撰写教育教学论文、申报课题，一方面可以提高自身的理论水平，帮助教师总结教学实践经验；另一方面也可以理论联系实际，以教研促教学，提高音乐教学水平。作为一名音乐教师，在上好课、育好人、带好队的基础上，我特别重视教科研，笔耕不辍，实践反思，研究探索。除此之外，我还坚持多读书、多分享、多写作。在工作中，我阅读了大量的教育刊物，并将所学与自身实践相结合。同时，积极争取外出培训学习的机会，主动与名师名家交流，学习他们的先进理念和教学方法。

参加工作以来，我主持或参与省级课题1项、市级重大招标课题2项、区级课题8项；在省、市核心期刊发表论文11篇；参赛课例曾多次在市、区现场课例评选中获一等奖，其中《小小的船》获得深圳市中小学现场课一等奖，并在深圳市中小学优质课例征集及在线展播活动中荣获"最佳网络资源课例奖"。除此之外，我还积极参与区级各类教育教学比赛，获得区现场课一等奖10项；辅导学生多次参加各级各类比赛，获奖30余项，其中获国家级荣誉3项，被评为深圳市优秀大队辅导员、深圳市优秀共青团员、光明区年度教师提名奖、光明区优秀教师、光明区先进教育工作者、光明区公民办帮扶优秀教师、光明区优秀督学、光明区家庭教育先进个人、光明区十佳大队辅导员等。

三、立德树人，培养学生关键能力

（一）坚持以德育人

国无德不兴，人无德不立。"培养什么人，怎样培养人"，是教育的根本问题和永恒主题。学校要培养什么样的人，这是教育必须回答的问题。党的十九大报告指出，要全面贯彻党的教育方针，落实立德树人的根本任务，发展素质教育，推进教育公平，培养德智体美全面发展的社会主义建设者和接班人。因此，育人是教育教学之根。从一名一线教师成长为一名分管德育的副校长，我坚持以习近平总书记在全国教育大会上的重要讲话精神为指导，全面贯彻落实立德树人的根本任务，坚持五育并举，通过整合融通各项德育资源，构建了爱华小学特色德育体系，培养德智体美劳全面发展的社会主义建设者和接班人，重视培养学生的创新精神和实践能力，为学生的全面发展和终身发展奠定坚实的基础。

1. 立足常规礼仪,重视"三特学生"培养

通过一周一升旗,突出少先队员主体地位;通过天天有值岗,规范少先队员文明礼仪;通过以班集体教育为主渠道,注重自我完善。经过一年的努力,队员们越发地自觉,常规教育成效凸显。在立足常规的前提下,重视"三特学生"培养:把特殊学生培养成健全人格的学生,把特困学生培养成阳光自信的学生,把特长学生培养成个性绽放的学生。通过对"三特学生"的培养,让每个学生绽放光彩,以践行"立德树人"理念。

2. 重视班主任培养,辐射优秀经验

班主任是学校教师队伍中的重要组成部分,其成长关系到学生的未来和发展。我们有一支年轻、积极、肯干、能干、有活力的班主任队伍。在班主任培养方面,我们运用"坐下来",即每周举行一次主题研讨活动,提升班主任的科研能力;"请进来",即多次邀请专家,对我们的班主任进行培训,促进班主任专业提升与发展;"走出去",即组织班主任参与全国各种教育论坛,开阔班主任的眼界。

3. 挖掘校外育人价值,构建家校新生活

我校一直致力于积极探索教育新模式,在家校合作方面尝试挖掘校外育人价值,构建家校新生活,让每个学生都绽放光彩。通过策划丰富多彩的假期活动,形成学校主题研究,尝试在以往的基础上对学生的寒暑假、小长假及周末生活进行改革,并将假期生活的策划权、组织权、评价权还给学生和家长,将学生本性中的真善美的本质发掘出来,实现在假期生活对立德树人理念践行的延伸。家长们反馈:孩子对假期有期待、有规划、有目标、有收获,也越来越懂事、越来越孝顺了。社区领导反馈:学校鼓励学生假期走入社区,参加社区各色活动,不但增长了学生见识,也培养了学生热爱社区、服务社区的良好品质。

(二)坚持立美育人

美育,是教育教学之魂。习近平总书记在2018年全国教育大会上强

调，要全面加强和改进学校美育教育，坚持以美育人、以文化人，提高学生的审美和人文素养。从一名音乐教师一路成长为分管德育的副校长，我始终坚信，艺术老师是以美育人、以美立身、落实立德树人的践行者，艺术教育是落实立德树人的重要手段之一。我注重美育教育，曾组织策划了丰富多彩的德育与美育相结合的校级活动。在"新学堂乐歌"的传唱中传承红色文化，在班级合唱比赛中加强艺术修养，在特色主题活动中增强综合素质，厚植爱国主义情怀。通过每日一歌唱、每月一展演、每学期一考核的方法，实现以美立身、立美育人。

（三）坚持读写为乐

终身学习是一直坚持信念，不断尝试，不断探索，努力提升自身教研能力，拓宽思维的一种方式。我认为，身为一名管理者，要想提高业务，就要勤于学习，博采众家之长，关注细节，善于思考，剖析得失，务求实效，于是以读书为乐，坚持记笔记、写反思，在反思中日有提高，养成了做事踏实、善于学习、勤于思考的习惯，不仅提高了业务理论水平，而且提高了分析问题、解决问题的实际工作能力。

例：浙江师范大学培训心得体会

且学且思且践行

每一次的培训，都是一场知识的碰撞、心灵的交流。伴随着盛夏的阳光，我们又踏上了旅途，开启了为期一周的培训之旅。此次培训课程安排紧凑，内容丰富，每节课都集思想之大成，耀智慧之精华。而参加培训的我们，更是受益匪浅，体会颇多。

一、初识浙大，重温校训，立志坚守，追求卓越

开班仪式上，我们重温浙大校训"砺学砺新，维实维新"，并在冯睿老师的带领下朗读校歌的歌词："巍巍北山，悠悠钱江，晚风中送别西下新月，晨曦里迎来东升初阳。砺学砺新，维实维新，我们践行共同的理想。"读着歌词，仿佛一瞬间穿越到了大学时代，成为坐在讲台下听讲的学生。朗读时感触颇多，更坚定了我在培训中认真学习的信念。希望能够通过这次培训有所收获，提升自身的管理教学能力，加深对教育的热爱，立志以"传承坚守"为决心，不断修养学品、探研学问，追求卓越的人生境界。

朗读歌词后，浙江师范大学的张振新老师出席开班仪式并发表讲话。张老师为我们介绍了浙江师范大学的办学历史等，让我感受到了浙江师范大学历史之悠久、规模之大、师资力量之强。与此同时，也了解了它一路走到现在所经历的艰难与坎坷，明白所有的成功都不是简简单单、随随便便的。浙江师范大学能够有如今的成就，是在众多开创者、继承者的努力和探索中，一步步走到现在并逐渐发扬光大的。所以想要有所成就，必先付出千百倍的努力。随着开班仪式的结束，此次令人期待的培训也拉开了帷幕。

二、深入学习，多元课程，厘清思路，践行卓越

（一）更新了管理思路

第一堂讲座是由浙江师大人事处处长郑文哲教授主讲，题目为《做卓越的学校管理者——思路、素质、执行、细节》。郑教授为我们讲述了管理的重要性，并阐明了做卓越学校管理者的必备素质，即"思路、素质、执行、细节"，引导我们了解思路是卓越管理者的重要前提。听了郑教授的讲述，我认识到了管理在一个学校发展中的重要性，也更加感受到自身的责任之重。正确的管理观念和方法，是一个学校发展的前提，因此提升教师和管理者的管理能力就显得尤其重要。其次，郑教授还提到了要想成为一个卓越的管理者，最重要的即开拓新思路。在这一点上，我深表赞同。随着时代的发展、科技的进步，现代社会日新月异，短短的几年时间就可能发生翻天覆地的变化，这是一个快速变化的时代，而一个学校想要发展，必须要学会创新，具有新的思路，学会用深远的目光看待问题，着眼于学校的未来，不能仅仅停留于过往的管理制度、教学方法等，否则总有一天会淹没于变化莫测的时代潮流之中。只有管理者具备了新的思路，并逐渐将其运用到实践之中，在一次次的实践中不断探索和观察，寻求一种更高效、更科学的教学理念、教学思想、教学方法，才能够保证这个学校是在走上坡路的，是在进步和发展的。因此，管理者必须具备新思路，这关乎着一个学校是否能够可持续的发展。

（二）明确了管理方向

如果说郑教授的讲话让我受益匪浅，那么震雷校长的讲话则更让我感触颇深。他通过"业务自信、角色意识、担当精神"三个关键词，为我们的一线管理工作明确了方向，理清了思路。身为一名管理者，自信是必不可少的素质，若是连最基本的自信都做不到，更不能管理别人、管理学校，让他人信服。至于角色意识，就是要知道自己的定位，知道自己应该充当一个什么样的角色，明确自己的责任和义务，履行自己应尽的职责。此外，我们还应该具备担当的精神，工作中大大小小的事务都要勇于承担，为其他人树立良好的榜样。

（三）提高了安全意识

浙江师范大学法学院宋高初副教授为我们做了一场关于学校管理中安全事故预防方面的讲座，主要讲述了近年来校园发生的安全方面的案例。听到这些案例时，我的心情是沉重的，这些案例的发生是不幸的、悲哀的。因此，我们更应该以此为戒，从中吸取教训、总结经验，加强对安全防范知识的学习，预防可能发生的事故。他通过结合案例，详细向我们讲解了这些知识，帮助我们加强对事故的防范和对安全的重视。这一场讲座振聋发聩，听完后我陷入了深深的沉思，回顾以往我在管理工作中是否忽视了一些小的细节，是否造成了一定的安全隐患，心中不禁阵阵后怕。虽然知道安全的重要性，在工作中也加强了相关方面的防范，但是当听到那些令人沉痛的案例时，还是会感觉自己在安全方面做得不够，必须要再加强相关知识的学习，将这方面的知识和方法等与每一位教师分享，增强全体师生的安全防范意识，杜绝安全事故的发生。所有涉及安全方面的工作，都必须谨慎对待，容不得有一丝意外、半点马虎。

（四）重拾了教育情怀

实地考察中，我们来到了最具金华韵味的环城小学，一所极具温度的学校，让在场的我们感受到：教育本该是一场充满感恩、相互成就、温暖彼此、成事成人的生命历程。教育是一件美好的事情，既然身在这个岗位，我们就应该尽自己最大的努力，以温暖的教育之光，照亮学生光明的未来。在参观的过程中，我们参观了教育设施的放置、学校的教学环境，了解了教师的教学方法和理念等，有颇多值得借鉴之处。

（五）树立了教育责任

关于教师的职业素养和责任方面，也让我有了新的认知。我以前以为，教师的目的就是教书，却忽视了育人。这次的培训让我明白："教育最终的结果不是知识，而是素养。没有分数过不了今天，只有分数过不了明天。"育人比教书更为重要。回去之后，我会将这一理念与其他教师一起分享，然后共同探寻出育人的好方法，探究如何将学生教育成一个有道德、有素养的人。首先帮助学生提高自身的修养，其次再传道授业解惑，尽到教师应尽的责任，达到教育的目的。

身为一名学校的管理者，肩上的责任不言而喻。少年强则国强，学生是祖国未来的接班人，他们接受的教育直接决定了我们的未来。因此，做好学生的教育工作是头等大事，而学校的管理者决定着学校的发展，也间接地决定着学生的发展。所以，每一个管理者一定要承担起这个责任，以一种科学、正确的管理方式，放远目光，着眼未来，致力于学校的发展、教育水平的提高，促进国家教育事业的发展。

最后，感谢领导给予的培训机会，加强了我们与其他学校的交流，借鉴他们的经验，学习到教育方面的很多知识。此外，在这短暂的几天培训中，我也收获了与大家的友谊。一群原本互不相识的人，因为知识而相聚，因为教育而相识，又因为梦想而相知，就教育这一共同的话题交流探讨，寻求高效的教学方法，照亮教育的光明未来。不知不觉中，时间在知识的交流和碰撞中飞速流逝，短暂而又珍贵的培训已经成为过去。回首这段培训，专家们讲述得高屋建瓴、博大精深而又深入浅出，既解决了我在教育中的一些困惑，又引导我在今后的工作中加强教育理论的学习，明确自己的责任和义务，提高工作水平和管理层次。抓住这怦然心动的感悟，抓住这瞬间的"药引子"，在自己的工作中践行正确的理念和做法，让学校有更好的发展，让师生有更好的未来。照亮学生的成长之路，谱写教师的教育华章。

四、辐射教师，注重对年轻教师培养

1. 师徒结对，帮扶助力

人们常说，教育就是用生命影响生命。作为一名艺术专业的管理者，不但要上好一门课、管好一条线，还要带好一支队伍。为了更好地培养青年教师，成立了校级名师工作室，给教师搭建成长平台。通过每周一次课例研讨、每月一次交流分享、每学期一次汇报展示，做到有方案、有检查、有评比、有奖励，从而快速提高青年教师的专业水平。工作室组织开展在新时代背景下体验式教学在小学音乐课中的实践研究，《小学阶段中国传统民间器乐音乐欣赏的教学策略研究》《学生假期生活育人价值开发》2项区级课题成功立项，何雁老师被评为卓越百人管理培养对象，杨敏燕老师被评为卓越百人名师培养对象。

2. 综合融通，辐射吸引

工作室不但辐射带领本学科教师，还注重综合融通，吸引了信息技术、美术、英语等多个学科教师加入，打造学习共同体。在工作室的引领下，工作室成员江小兰迅速成长，在学校少先队和德育工作中融合音乐素养，开展特色德育活动和英语儿歌传唱活动；工作室成员王珊珊打造科技创新项目，引领学校科技创新团队快速成长，多次指导学生在区、市、省、国家乃至国际竞赛中斩获殊荣。

3. 区域研讨，共同学习

除了上好课以外，我积极参与区域研讨。我们在音乐科组内尝试在以往的基础上对音乐课型进行重新构建，通过每周一次的科组研讨，开展以审美为核心的培养人的社会实践活动，借对歌曲、乐曲、舞蹈等作品的学习和赏析，理解其中所承载的人类社会文化，促进学生素质的全面发展。除此之外，我在全区中小学音乐舞蹈教师暑期全员培训中进行经验分享，通过讲述践行立美育人的时代使命，以及如何以专业为基，立足课堂，扎根社团，不断探索"立美育人、以美立身"的途径和模式，指导青年教师如何在一线开展美育工作。听完我的讲座以后，区内青年教师纷纷表示收获很大。

五、辐射学生，打造区域艺术高地

培养教师的最终目的是培养学生。学校的发展、艺术的发展、学生的发展怎么结合在一起？这一直是我思考的方向。为此，我做了两个方面的探索。

1. 服务学生

爱华小学当初是为解决越南归侨子女的读书问题而建的。因为学校的特殊性，片区的艺术氛围相对薄弱。作为一名艺术专业管理者、区音乐骨干教师，我尽最大的能力给学生搭建展现自我的舞台。通过开发一系列音乐校本课程，激发学生学习音乐的兴趣，让每个学生都喜欢上音乐、爱上音乐。通过打造五类特色社团，让每个学生都绽放光彩。

2. 带动社区

除了服务好学校、促进学生个性绽放之外，我校还致力带动社区的艺术发展，我们的教师免费为社区居民提供艺术指导和服务，为社区居民组建合唱团、舞蹈团，让艺术走进社区，走进居民生活。

六、未来愿景，勇做时代"弄潮儿"

首先，我要感谢艺术给了我丰厚的人生。当前，国家正逐步加大扶持美育的力度。国家从立法的高度，使美育得到了法律的保护。在国家的立法监督、学校的深度参与、家长的观念转变下，我们终将打破教育的"唯分论"，给学生营造一个"享受美育，全面发展"的美好环境。

其次，感谢时代给了我追梦逐梦的平台。随着粤港澳大湾区和广深港澳科技创新走廊战略的深入实施，以及光明科学城的落户，我们赢来了千载难逢的发展机遇，社会各界投资光明、建设光明、安居光明的热情空前高涨。光明区一届一次党代会提出加快建设"四城两区"，打造世界一流科学城和深圳北部中心的奋斗目标，为我们描绘了一幅激动人心、催人奋进的宏伟蓝图。而身处光明的我们，也迎来了这一机遇与挑战并存的美好时期。

再次，感谢罗校长给了我立美育人再出发的勇气。在这个大好时代，能够跟着罗校长不断学习，学习他人经验，学习理论文献，学习个人积累，学习教育科研；能够跟着罗校长善于反思，反思教育理念，反思教学实践，反思角色定位，反思素质结构；能够跟着罗校长学会享受，享受学科之美，享受音乐之美，享受师生之美，享受教学之美，实属人生之大幸也！

在这一机遇与挑战并存的美好时期，我也将坚定不移地落实立美育人的根本任务，加强学习，勤于反思，倾注我全部的热情，带领学生感受艺术之美，尽享快乐之美，以美立身，立美育人，美美与共！

蝶变——罗湘工作室成员成长的心路历程

想说爱你不容易

中山大学深圳附属学校　熊飞

从2007年来深圳，我一直做学生工作，从班主任到德育主任，再到主管德育工作的副校长，曾经遇到过很多问题学生，有过苦闷、心酸，也有过开心和快乐。今天回想起过往的点滴，那段岁月给了我很大的历练，也有一些心得体会。

一、做出榜样

为了践行师生平等、依法治班的理念，开学初，我和学生在民主协商的基础上共同制定了班级规章制度。其中规定：学生如果违反了规章制度就要接受惩罚，视违纪的轻重而罚抄数量不等的英语单词。如果班主任没有履行好职责，每次罚班主任10元充当班费。为此，我特意在班级自主管理委员会中设立特管部，由一位活泼外向的女生担任部长，专门执行对我的监督和惩罚。

没想到刚开学一个月，我就违反了班规。

那天要放国庆长假，操场上停放了几辆接送学生的大巴。第二节课后响起了课间操音乐，体育委员急切地问我："老师，操场上有大巴，还下不下去做操啊？"我出来一看，大巴还停在操场上，很多班级站在走廊上观望。我一看这架势，很武断地说："大巴都停在操场，怎么做操啊？不做了。"我正好可以利用这个时间给学生观看头天晚上天宫一号的发射视频。等我回到办公室才知道，就在我们看视频的时候，大巴挪出了操场，课间操正常进行。抱着侥幸心理，我认为也有些班没去，学生会应该不会检查，即使检查了也不会扣分的，法不责众啊。

学生返校的当晚，我在教室巡视时发现学生会送来的检查单上写着：课间操高二（12）班无人入场，扣3分。我心里咯噔一下，真扣啊？而且一次被扣3分。要知道在学校的常规检查中，我们班很少被扣分的，偶尔有，也不过0.5分，我对自己当时武断的决定感到后悔。

令我意想不到的是，同学们却不追究我的责任。我有意识地问特管部部长："最近我有没有做错什么啊？班上只有你才是专门管我的。""没有啊，老师你做得很好啊。"她和我开玩笑说："要不老师你犯一次错误吧，你看开学到现在快一个月了，你都没犯错误，我一直坐冷板凳，无事可做。"连她都没想到这件事是我的错，我心中不禁掠过一丝隐忧：明明是我不让他们下去做操而被扣分的，同学们怎么不追究我的责任呢？长期以来，虽然教育界一直在强调师生平等，但因为班主任是管理者，而学生是被管理者，师生事实上是处在不平等的位置上。班规明明有对我处罚的规定，但他们却没有去执行的意识，虽然在学校他们都比较听话，但学生听话就意味着班主任工作成功吗？教育可不是为了培养听话的学生啊。这不是我想要的管理效果，我该如何改变这种局面呢？

我决定利用班会课搞个辩论赛，标题就叫《班级被扣3分，是不是班主任的责任》。我把全班同学分成 A B 两组，让他们选辩题。A组的辩题是：班级被扣3分，不是班主任的责任。B组的辩题是：班级被扣3分，是班主任的责任。两个组都抢着选A组辩题，我只好让他们抽签决定。抽到 A 组的同学欢呼雀跃，大声喊赢定了。B组同学比较郁闷地对我说："老师，这怎么辩论啊，我们输定了。"我知道，他们有思想顾虑，在顾及我的感受。我很真诚地对他们说："你们只管大胆地说，不要顾及我的感受。你看 A 组的同学很有信心，认为他们赢定了，你们可不要让别人小看啊。"辩论开始后，双方都使出了浑身解数。A 组同学认为：班主任没有任何责任，责任要归咎于大巴公司，车停在操场上，同学们都以为不需做操；学校有责任，没有和大巴公司协调好；同学自己的责任，为什么有些班级去做操了我们不去呢？班主任虽然说了不去做操，但班主任说过我们都是班级的主人，班级是我们大家的班级。我们要一切从实际出发，实事求是，要做到不唯上、不唯书、只唯实，怎么能把责任扣到班主任一个人头上呢？好样的，把哲学都运用上了。B 组同学也毫不示弱：班主任是班级的负责人，说话要负责，不能信口开河，在没有弄清事实之前就武断地下结论，处理得非常草率。毛主席说过：没有调查就没有发言权。由于班主任没有弄清情况就贸然决定不让我们去做操，导致班级被扣 3 分，班主任当然要依据班规为自己的过错买单。因为班主任说过：要依法治班，班规面前人人平等。我们学生违反班规要接受惩罚，班主任当然也不例外，王子犯法与民同罪。大家都知道班主任为人正直，对学生公平公正、一视同仁，在班级倡导民主治班、依法治班。我们坚信并且期待班主任能为自己的不当行为接受班规的处理。好家伙，措辞还挺尖锐的，说得全班同学频频点头。

等大家说得差不多的时候，我做了总结："今天的辩论赛气氛热烈，效果很好。我之所以要搞这个辩论赛，是想找个合适的机会让你们批判我。我也会犯错，当我犯错的时候，你们要大胆地指出来，老师不会怪你们的。任何人在班规面前都没有特权，我也不例外，班规面前人人平等。"同学们若有所思地点头。然后我说："其实这次被扣分的责任主要在我，是我当时太武断了，按照班规规定我要被罚款10元。"我刚掏出10元钱，坐在第一排管理班费的生活委员的手已经伸到了讲台上，同学们哄堂大笑并使劲鼓掌。同学们的掌声说明他们对我的自罚表示认可，他们惊喜的眼神告诉我，他们很赞同我的自罚，认同我"班规面前人人平等"的依法治班理念。事后，有同学在周记中写道："从没看到班主任会制定班规约束自己，更没遇到过班主任这样想办法依据班规主动惩罚自己。我能明白班主任的良苦用心，是想通过自罚来让我们敬畏班规。班主任这样做，不但没有降低他在我们心目中的地位，反而让我们觉得班主任很民主、公平，班规在我们心中的地位更加神圣了。"

一次自罚，让我放下了一个教育者高高在上的架子，增强了学生对班规的敬畏感，也拉近了我和学生的心理距离。

二、学生犯错，慎请家长

学生犯错是正常现象，一旦他们犯错时，我们是不是一定要通报或是请家长？请家长来校、让学生道歉这一系列的处理以后，学生会真的从内心反省自己的错误并改变错误吗？我看不一定。因为他的道歉、他的保证有可能只是对教师、家长的权威做出的让步，是一种暂时的妥协。在日常教学中，许多教师对犯错误的学生使出撒手锏——请家长。殊不知，对于犯错的学生，把家长请到学校，往往不会起到良好效果，甚至可能适得其反。站在老师的角度看，学生犯错请家长，三方坐在一起说明情况，要求家长配合教育，想法很好。但会不会出现老师所预想的效果呢？

在教育学生时，我们应该少一些功利和短视，多一点儿爱心和宽容。宁愿教育的效果慢一点儿，也要采用慎重的态度，用正确的教育方法来处理学生成长过程中出现的各种问题。只要不是紧急情况或是学生犯重大错误，最好不要请家长。犯错是一个学生在成长过程中的正常表现，教师要学会包容，要及时引导，只要学生不犯那种不归之路的错误，其实都是正常的。如果我们不能立刻让学生认识到错误，就应该采取冷处理，暂时搁在一边，而不是紧抓不放，之后找个合适的机会，平心静气地找学生谈话。只要双方冷静下来，我相信不用老师批评，学生也会认识到自己的错误。

三、信任不能代替监督

今天下午第一节课数学老师拖堂了，眼保健操都开始了，老师还在教室辅导学生做作业。我站在教室外面心里很急，老教师的敬业精神值得我们学习，但学生会的检查也不可以掉以轻心。之前因为老师没有按时下课，班级已经被扣过分了，学生会会把被扣的分写在宣传栏的黑板上，别人都看在眼里呢。还好，体育部长阿英反应很快，马上站起来说："同学们先做眼保健操，作业第三节课来抄。"同学们也很配合都动起来了，我马上进去补充了一句："同学们的动作幅度大一点儿，免得检查的同学看不清楚。"说完话我就回到了办公室，心情比较舒畅，因为看到班干部工作主动、积极，我就省心了。否则，我就是一个抢险队员，哪里有问题就出现在哪里，那太累了，也没多大效果啊。我想做一个善于"偷懒"的班主任，既可以培养班干部，又可以解放自己，让自己有更多的时间和精力思考更多的事情，一举两得。

眼保健操结束后，我把阿英叫到办公室里，表扬了她，小姑娘开始有点儿不好意思，但我看得出来她还是很开心的。每个人都希望得到别人的肯定和表扬，学生干部更是如此，班主任的表扬和肯定是对她莫大的鼓舞和支持。同时，她还和我聊起了选科的想法，我和她交流了选文和选理的利弊。她选文有希望进重点班，选理科是绝对没机会的，数理化比较弱。小姑娘这段时间明显比以前用功了很多，期中考试以前，学习不够刻苦，到班时间比较晚，对学习的热情不高。我记得曾经和她说过，这样下去，到期末分班的时候很有可能进不了A班。她竟然说："老师，你不是说A班和B班的老师没有差别吗？那我进哪个班就无所谓了。"当时听完我心里一惊：坏了，这丫头在为自己找退路了，这样下去可不行啊！我也曾经找她长谈了几次，但效果不明显。记得期中考试成绩出来后，她的成绩很不理想，退步很明显。期中考后开了家长会，我向家长通报了考试情况，并且把每个同学的成绩及进退情况剪成分数条发给了家长。我感觉那次家长会对她的触动很大，她的学习态度开始发生变化，到班时间比以前早了，学习比以前刻苦了，上课特别认真。我对她说："你的变化我看在眼里、喜在心里，我希望你能进步得更快。"

晚上，因为在外面聚餐，我直到八点多才到教室。教室静悄悄的，同学们都在埋头写作业，学习氛围很浓厚。我内心一阵暖流涌上心头，这是一道教师最为期待的亮丽风景。我不忍打扰同学们学习，蹑手蹑脚地走进了教室，轻轻地关上门。快走到阿英身边的时候，我发现阿英低着头，没有注意到我快到她身边了，手好像在摆弄着什么。天啊！令人吃惊的一幕展现在我眼前：她竟然在玩手机。我当时内心愤怒到了极点，很想冲过去夺下手机，然后狠狠地批评她，学校已经规定每周托管手机了，我在班里强调很多次不能违规使用手机，她也已经上交了，怎么还有手机呢？作为班干部竟敢公开违反管理规定，不起到模范带头作用，怎么没有一点儿班干部意识？我越想越窝火，强忍着怒气走到她身边停住了。她感觉有个影子飘到了身边，抬头一看，惊恐的表情就像世界末日到了，霎时满脸通红，手忙脚乱地把手机塞进了口袋，然后低下了头。我没有说话，尽管我内心的愤怒像火山一样快要爆发，我用非常严厉的目光注视着她。因为她是班干部，我要对她特别严格要求，违反班级管理规定，肯定要处罚。但如果我现在当全班同学面把她狠狠批评一通，她肯定与我的距离越来越远。因为她是班干部，我也要维护她在同学心中的形象，树立她的威信。但如果不惩罚，肯定会影响我作为班主任的威信。我该如何处理这次违规？此刻的我更需要的是理智。短暂几秒钟的思想斗争，我冷静下来了，敲了一下她的桌子，摆了一下手示意她跟我出来。小姑娘战战兢兢地跟在我后面来到教室外面，低着头、弓着背站在我面前，如同一个罪大恶极的罪犯，正在等待法官的宣判。"怎么回事？"我声音较低但不乏严厉地问她。她像蚊子发出声音一样说了一句话，我没听清。"大点声。"我生气地说了一句。她还是非常小声地回答了一句，我依然没听清楚。"再不交代清楚，看我怎么处理你。""老师，对不起，我错了。"阿英低着头终于大声地说了一句。"错在哪里？"她终于把玩手机的前因后果简单地说了一遍，同时把手机交给了我。但我听起来感觉她在说套话，不是发自内心的。我问她："该怎么处理你？"她沉默不语。"回答我。"我已经没有耐心了。"老师，能不能不托管手机，我是借同学的。"阿英结结巴巴，开始抽泣并小心翼翼地对我说。她心里也非常惶恐，她了解我的脾气，知道我不能容忍这种违纪现象的发生。"先写1000字的说明书，手机暂时放在我这里，明天再来找我。"我回到办公室。一天里，她的举动让我经历了冰火两重世界，我信任并寄予厚望的班干部怎么会犯这样的低级错误？我开始反思，为什么班干部缺乏班干部意识，不能起到模范带头作用？表面上看她自己要承担全部责任，但作为班主任，我做得到位吗？为了让同学们得到锻炼，也为解放自己，我让每个人都有一个职位，每个人都有自己负责的事情。每个人都是班干部，可他们的职务只是我封给他们的，班干部的责任意识却没有随着"分封"而在他们心中树立起来。他们的违纪其实也有我的一部分责任，我平时对他们的引导、教育和监督还做得不够，没有到位。

第二天，阿英交了检讨书。我和阿英好好聊了一次，手机暂时托管一周以示惩罚。为了维护她的形象和威信，我没有在班级说起这件事情。阿英也认识到了自己的错误，态度很诚恳地向我承认了错误并表示以后再也不会发生此类事情。事情到此已经结束了，但我的内心却不能平静。这次事件让我明白了自己在班干部培养工作中的不足：要信任，但不能完全放手。

四、每朵鲜花都有绽放的权利

星期三下第一节晚自习后，我在教室外面巡查学生是否在文明休闲，当走到初一（4）班门口时，突然后面传来一声怯生生、有点含糊不清的声音："熊主任。"我回头一看，是嘉业。"怎么啦，找老师有事吗？"我面带微笑地看着他说。"我昨晚在宿舍买了两份夜宵等你来，可是等了很久你没来，结果我一个人吃了两份夜宵。"我一下怔住了，不知道该怎样表达我内心的复杂感受。匆匆说了句："谢谢你，你的好意老师心领了，下回可不要买。"并摸了摸他的头。

回到办公室，我的心情有些复杂，有酸楚，也有欣慰。

第一次感觉嘉业是一个特殊的学生是在开学第一堂思想品德课上。当时放了一个视频给学生看，所有的同学都看得非常认真，我突然发现第三组倒数第二排有个座位空了。我心里纳闷，上课的时候好像都坐满了人，怎么空了一个位置呢？我走过去一看，一个个头挺小的男生在桌子底下玩。我第一次看到这样的景象，觉得有些不可思议。但我没有批评也没有责骂，而是笑着对他说："你在干吗呢？"他慢慢从桌子底下钻出来看了看我，但我直视不到他的眼神，发现他的眼睛有些斜视。他和我说了句话，说得很含糊，口齿不清，我没听明白，而且说话的表情和一般的学生有些不一样。初一的学生如果上课没认真听讲，面对老师应该是忐忑的，害怕老师会批评，但他好像不觉得自己做了什么不对的事情，坐在那里也没有集中精力看视频，而是左顾右盼。其他学生都盯着视频，他却与众不同。我当时就感觉，这个学生很特别。

下课后，我找到班主任罗老师了解情况。罗老师也感觉这个孩子和其他学生不一样，反应很慢，考试就十来分，有的同学喜欢逗他甚至欺负他，和他玩的同学也不多。我明白了，孩子的智力可能比同龄的孩子要差一些，我内心对这个孩子充满了同情。我和班主任沟通，在学习上对他不要过高要求，让孩子尽力而为，告诫班里同学要多关心和爱护他，绝不可以欺负他。对这样一个特殊的孩子，作为老师绝不可以排斥和放弃。我心里其实有些酸楚，这个孩子不容易，在一个由正常孩子组成的班级里他成了一个另类。一种责任感油然而生，我要多关注这个孩子，尽可能让孩子在学校里过得开心。在此后的一段时间里，看见嘉业时，我会主动和他打招呼，和他聊天。虽然他口齿依然不清，有时听他讲话很吃力，但我觉得他很单纯也很可爱。尤其是晚上我去宿舍巡查时，总能见到他在楼下吃夜宵的可爱样子，看到我时会大声招呼："熊主任好。"虽然有的时候听得不是很清楚，但看到他在学校过得挺幸福，看到他阳光的一面，我觉得很欣慰。

我认为，让一个人幸福是教育的最终目的。如果教育让人感到痛苦，那么这就不是教育，而是摧残和煎熬。特别的爱要给特别的学生，什么时候教育不再功利，才是教育真正的出路。

每个孩子都是家庭的希望，既然家长把孩子交给学校，那给孩子成长的希望和幸福便是老师和学校应尽的责任。每个孩子都是一朵鲜花，每一朵鲜花都有绽放的权利，尽管有些花瓣已经破损了，但是我依然相信，只要给他们更多的爱，每朵鲜花都会在阳光下灿烂地盛开。

那一段和问题学生斗智斗勇的经历促成了我教育观念的转变，让我更加理智、智慧地对待问题学生。学生犯错误是不可避免的，因为学生没有很强的判断力和自制力，难免在思想或行为上产生偏差或失误。成长的过程就是不断犯错并改错的过程。遇到学生犯错时，我们老师要理智，因为我们是老师，是成年人。只有理智，我们才可以理性地了解学生犯错误的原因，同时也留一点儿给学生自我反省的时间和空间。学生犯错以后，大多数会后悔、内疚，希望得到谅解，这正是对学生进行教育的最佳契机。问题学生会给我们带来意想不到的压力，但如果我们能真心对待他们、关爱他们，通过我们的努力能够影响和改变他们，我们的职业生涯会更有意义。虽然这个过程很艰难，却是为人师的真正价值所在。

一路教来一路学

——我的语文课堂教学蜕变之路

深圳明德实验学校　王玉东

书，教了十年，方向从未改变。

学生，做了十年，依旧是童稚少年。

我是2010年开始教语文的，至今已十年。回顾自己作为一名语文教师的学习历程，几堂标志性的语文课历历在目。

一、一枝独秀的课堂

好的课堂，要以学生为本。

2011年12月7日，是我参加工作刚满一年的时候。西双版纳州第一中学承办了全州语文研讨课活动，学校语文学科组组长、我的带教师父黄跃梅老师向州教研室推荐我来上州级公开课《林教头风雪山神庙》。一年两次的州级语文教研活动，上课机会难得；全州最好的学校推出的公开课，听课教师势必抱着学习观摩的心态前来听课。现在回头看师父当时的推荐，她是担着很大的风险与压力的。《林教头风雪山神庙》这篇小说精彩之至、经典至极，在备课的时候，我有意避开名家的教学案例，把自己关在宿舍里，利用周末的时间一遍又一遍地阅读文本，故事情节、人物形象、故事背景、环境设置都是我在阅读中重点考虑的问题。当时的想法是，为了学生能够听懂，我这个上课的老师必须把小说读透。在读到第九遍的时候，我还是感觉不够完美，便开始翻阅金圣叹的点评来做补充。

现在回头检视十年前的备课，在阅读文本方面下的这样一番"扎死寨、打死仗"的功夫而感动，但是也深深感到不足与缺陷。在精心备好课后，我向全州的语文老师做了公开课展示。展示课中，我还原北宋时代背景，引导学生走进历史；引经据典，时时让学生参考前人的看法；在课堂即将结束的时候，我将自创的评价林冲的诗歌展示给在场的师生，赢得了一片喝彩。在展示课后的评课中，听课的老师都说我备课认真、引经据典、功底扎实，说我自创的诗歌很有诗意，说我是"肚子里有货"的年轻老师。教育教研、课堂教学、课程开发，这一切不都是以个人的"学养"为出发点吗？在我参加工作的第二年，在大型公开场合，州教研员称赞我"有学养"，这让我高兴很久。

后来，在一次闲聊中，师父黄跃梅老师说："你看，当时某个问题是不是换个问法会更好一点儿？"我仔细琢磨后，意识到换个问法后，该问题将会是整个课堂的主线，内容将不再细碎，课堂体系也出来了，顿时觉得师父的提法确实高妙。

对这堂课有了更新的认识，则是在2015年，我离开云南，来到深圳教书以后的事情。

明德教育的高端，是令我仰慕的，这种仰慕主要是在眼界与格局方面。初来明德，任教初中，课堂问题一大堆。程校长跟我聊过好几次语文教育教学，记得他常问道："还可以怎么理解？能不能换个角度去分析？学生会怎么分析这个问题，你有预设吗？"我意识到多元思维绝不只是成人世界的事情，学生意识原来要落得这样切实。

"嘤嘤其鸣，求其友声。"我加入深圳市罗灿语文名师工作室，在罗灿校长的引导下，在一个同道聚集的群体里，我们互相砥砺、学习前进，提升自己的教学与研究能力。进入名师工作室以后，在语文教育教学方面，我阅读了《语文科课程论基础》《语文——表现与存在》《文学文本解读学》《朱光潜美学文学论文集》《美学散步》《中国美学十五讲》《文章例话》《诗词例话》《迦陵讲演录》《中国哲学简史》《听程红兵老师听课评课》《好教师就是好教育》《好的教育，面向未来》等书籍，日常订阅《中学语文教学参考》《中学语文》《语文教学通讯》《语文学习》《中学语文教学》《语文月刊》等专业杂志。我按照个人的发展规划，进行系统的理论学习，对于每年阅读的教育专著、专业杂志都撰有读书笔记。

自那时起，我随杨金锋老师做起了《明德文科课堂模型建构》。一路做下来，更为深入地觉知"思维"的重要性。另一方面，有感于语文课堂上"中国情怀"的缺失，我随马彦明老师做起了《中国文化原典阅读》，从初中做到高中。有些受惠于《中国文化原典阅读》课程的学生，都在国外为我们宣传这门课程了。

自那时起，我开始检视过去五年自己的语文教育教学，曾经令自己很满意，给自己带来荣誉感的《林教头风雪山神庙》便在检视之中。我找出当年所做的教学设计、课堂实录、教师评课、课后教学心得细细查看，不得不说，那时候太年轻了。

刚参加工作，还不能对别人的评价准确理解。评课的老师或者专检他们看到的优点来说，或者是有意放大了我的优点，这都是不够客观的评价。检视当年的评课，评课的老师有提到学生吗？评课的老师有提到课堂设计吗？好的课堂，学生不可缺席；好的课堂，好的课堂设计不可缺席；好的课堂，教师的适时点拨不可缺席。而这些，都是我做得不够的。我的扎实备课，只是为了让我弄懂，学生懂了多少，我知道吗？我评测了吗？我的背景还原的确很有必要，但是还原的时机是不是最合适的？学生阅读没有障碍的时候，还需要还原吗？我的自创诗歌确实震惊了全场，那么，能不能引导学生也当场创作呢？引经据典、自创诗歌，这些是很重要，但是如若对学生不能发生作用，那还是意义不大的，只是教师的一枝独秀。一枝独秀的课堂，不是好课堂。

四十分钟的课堂，十分钟后的他评是满堂彩，五年后的自评是问题多多，五年后的反思让我错愕不已。这不仅是对一堂课的否定，更是对我关于语文教育教学理解的否定。所幸的是，我终于真正开始了对于"语文课堂该做什么"的思考。

二、不经意的习题讲解课堂

好的课堂，要有好的课堂设计。

2015年3月17日，是我初到深圳明德实验学校教书的时候。那天下午第七节课的时候，程红兵校长推开了八年级（1）班的后门，静静地坐在后面听我上课。当时，我在给八年级的学生讲解周末布置的单元习题集。习题集包括两套，编排顺序均是字音、字形、成语、病句、文学常识、小说内容分析（中国古典小说）、仿写句子。程校长推门进来的时候，我正在讲第一套习题中的文化常识。学生在周末做过，对习题有一定的熟识度，加之我的点拨引导与幽默用语，课堂氛围很是不错。课堂上不时传出欢声笑语，班里的几位学生看到校长来了，颇有自我表现的意思，频频回答问题。整堂课有板有眼，学生积极融入，四十分钟过去了，两套习题集正好讲解完成。走下讲台、走出教室的我快步朝程校长走去，对他的评课满怀期待。

还是一样的开场，还是一样引人即刻进入思考状态。"玉东，你对这堂课打多少分？"程校长问道。"八十分吧，多了还是达不到的。"这是我思考后的分数，课堂规范、学生投入、内容讲解等都不错，八十分应该是可以达到的。程校长给我的回复是："我给你打九十分，这堂课课堂规范、学生积极主动参与、教师适时引导，做得很不错。"听到这样的评价，我又一次很高兴。要知道，在语文教育教学上，得到程校长的肯定是多么难的一件事情。

没等我表示感谢，程校长继续问道："你参加工作有几年了？"我说："五年。"他说："那我给你打六十分，给个及格分吧。"我愣住了。程校长说道："五年的教师不应该在课堂设计上有所突破吗？有板有眼、课堂规范、学生积极主动参与，这对于你而言应该只是基础啊！你应该在这些基础之上寻求设计上的突破，以求课堂效率最大化，学生思维流量最大化。我觉得，班级里积极活跃的孩子的思维，并没有在这堂课上完全打开。你前后给学生讲评了14道题，这些题目是两套习题，为什么不将其归类呢？成语、文化常识与古典小说阅读本可以归在一起讲评的。字音字形方面，学生做得很熟，还需要在课堂花费时间吗？两道病句有难度，学生理解起来较为吃力，为什么不给学生举正反例呢？我在想，整合打通后的课堂，时间应该会多出10分钟，用这些时间加强病句练习，效果可能更好。"

当天晚上，我开始检视这堂习题课。习题课的常规做法，往往是以习题编排顺序为线索，教师一道接一道地讲，容易的简讲，难度大的精讲。这种做法，最大的问题是效率低下、效益不高。优化整合则是解决之道，把同质的分在一起，既有利于学生思考，也有益于突出重点。优化整合，归根到底还是课堂设计的问题。先讲什么，后讲什么，前后是什么关系？为什么是这样的课堂流程？学生对此会生发出什么问题……这些都是教师在做课堂教学设计的时候需要重点考虑的。

三、有模有样的古文课堂

好的课堂，要有思维碰撞，要有文化与生命意义。

2017年4月，在我参加工作的第七年，也是我来深圳明德实验学校教书满两年的时候。我选用人教版选修教材《中国古代诗歌散文欣赏·阿房宫赋》，为科组语文老师带来了一堂文史整合公开课。

在杜牧看来，秦始皇修建阿房宫的原因是"秦爱纷奢"。而通过还原史料我们发现，秦始皇修建阿房宫的原因是"以为咸阳人多，先王之宫廷小，吾闻周文王都丰，武王都镐，丰镐之间，帝王之都也。乃营作朝宫渭南上林苑中"。这说明关于秦始皇修建阿房宫的原因，杜牧的述说与司马迁的记载是有很大出入的。

杜牧笔下的阿房宫是"五步一楼，十步一阁；廊腰缦回，檐牙高啄；各抱地势，钩心斗角。盘盘焉，囷囷焉，蜂房水涡，矗不知其几千万落"。杜牧笔下的阿房宫人是"缦立远视，而望幸焉。有不见者，三十六年"。通过现代考古我们发现"除了大片夯土台基和少许的残瓦，没有丝毫灰烬遗迹"，这与杜牧笔下"五步一楼，十步一阁；廊腰缦回，檐牙高啄；各抱地势，钩心斗角"是有极大不同的。关于阿房宫的状况，杜牧的描述与司马迁的记载和考古发现是有很大出入的。

杜牧的《阿房宫赋》为什么会震古烁今？阅读史料，我们可知两点，一是杜牧刚直敢论列大事，指陈病利尤切至；二是唐敬宗"好治宫室，欲营别殿，制度甚广"。

杜牧所处的唐王朝，唐敬宗的喜好与传言中的秦始皇有相似之处，而杜牧敢论列大事，所以以一篇《阿房宫赋》借历史题材来警戒当时的荒淫君主，这就是借古讽今的写作意识。借古讽今重在警戒今人。"赋"是一种极尽铺张渲染、想象夸张之能事的文体。相较于"表""论""疏"，它不是纯粹的历史著作，而是文艺著作。不可以用读《陈情表》《六国论》《谏太宗十思疏》的阅读思维来反驳杜牧《阿房宫赋》的创作失实。这也正是千百年来文人争相传诵失实而又高妙的《阿房宫赋》的原因。

对于杜牧创作的失实，我们还原思维、辨析文体，认识到"赋"这种文体的特殊之处。通过矛盾质疑、还原、思维、辨析文体，我们在思维碰撞中走进真实，这是我们在古文教学中应该追求的。

黄荣华老师在题为《关于阅读教学与作文教学的几点想法》一文中指出，文化表现力由两部分组成：一是阅读书本与生活时表现出来的理解力与鉴赏力；二是写作时表现出来的感知力、描述力与批判力。文化表现力的核心是文化理解力与文化批判力。

在承载中国古典文化的古文教学中，我们尤其需要注意对学生文化理解力的培养。在教学中有意识地让学生注重生命体验，适时将文本与人生经历相关联，借助人物还原与情境设置，让学生能够深入文本、解读文本。

深圳明德实验学校开设的文史整合课程旨在打通学科之间的壁垒，激发学生学习的兴趣，激活学生思维，点拨学生多角度、纵深化地思考问题，培养学生思维的广阔性、深刻性与批判性。在整合课程课堂中，我们根据课程价值定位、课堂教学内容与课堂教学目标，将明德课堂模型要素进行组合，形成兼具灵活性与思维流量的多种明德整合课程课堂模型。

克莱因说："跨学科的方法在今天已经变得越来越重要。"整合课程是依据课程内容的关联性将两门或两门以上的分科课程组合在一起的课程开发模式。课程内容的相关性是这种课程开发模式的立足点和出发点，即这一课程开发模式的主要任务在于寻求不同分科课程内容之间所具有的相关性，这种课程内容的相关性主要表现为逻辑上的相关性和价值上的相关性。

赫尔巴特认为，教育的终极目的在于培养人的德性或意志。孤立的学科，隔离的、支离破碎的学科内容不利于以德性或意志为核心的完整人格的养成。学科与学科之间应该以培养学生的德性或意志为目的，以培养学生思维的广阔性、深刻性与批判性为过程，彼此关联起来。我们要以学生的"思想圈"为出发点，对在逻辑与价值上有关联的课程进行合理化整合，从而使学生新的观念群不断同化于已有的观念群之中，最终指向完整人格的形成。

十年语文教育教学路，我先后在云南、广东两地执教四千八百节语文课，我选取至今仍然记忆犹新的三堂标志性语文课，将其记录在这里，反思在这里，也算是一种继往开来吧！

十年来，拜识众多引导我前进的前辈导师：黄跃梅老师、程红兵校长、罗灿校长……这些前辈导师指导过去的我走得稳当，也必将引导未来的我走得踏实。智山慧海传真火，愿随前薪做后薪。这是我要对因缘而生、薪火相传关系的前辈导师说的话。

最后，我想谈一谈我对教育事业的看法。引用冯友兰的一副对联："阐旧邦以辅新命，极高明而道中庸。"身为语文老师，传播民族文化，让我的学生在了解民族文化的基础上更好地融入新时代，是我的使命；身为人民教师，陪伴我的学生达到一个光明而又中和的精神境界，是我的理想。

乘风破浪得成长　为学求真待人诚

深圳市艺术高中　李柏

"千磨万击还坚劲，任尔东西南北风。"用这句诗来形容我教师成长的经历再贴切不过了。从教七年，我经历了很多次教学的挑战与变革，参与了很多回课堂的调整与完善，确实有很多想法和大家分享，特别是我成长中的一些小故事。总的来说，我的成长就是在一次又一次的挫折和失败之后，凭着一股不服输的劲头和一位位恩师的指点，一步步走出来的路，虽然辛苦，但也是收获满满。

一、教学成长：从无趣到有趣的课堂

回忆我刚刚执教的第一学年，可以说是在焦头烂额的体验中度过的。最大的感觉就是不自信，没有章法，不知道该如何和学生对话，教学的环节也是杂乱无章，缺乏设计感。整节课下来，学生感觉没收获，教师感觉没成就，怎一个尴尬了得。

记得一次公开课，校长专门请了教研员来听课指导，我当时准备的内容是安徒生的《皇帝的新装》，本来的计划是组织学生借课本剧表演的形式深入研读文本，体会人物的语言和情感，学生也进行了认真的课本剧排练。但是在实际授课的过程中，学生放开之后课堂的秩序全无，声音嘈杂，喧哗不止，更有学生拿出手机现场拍摄表演的视频，气得我当时大脑一片空白，将课堂后面的环节和内容忘了个精光，最后整堂课草草收场。课后，校长和教研员都与我进行了一次长谈，严厉批评了我课堂组织和授课过程中应变处置能力不足的问题，这次教训使我至今印象深刻。

"长风破浪会有时，直挂云帆济沧海。"从失败中奋起，得益于一次交流学习。当时深圳市罗灿名师工作室来到我所在的学校交流，我有幸聆听了一节龙华中学杨金锋老师执教的《夸父逐日》，顿觉拨云见日，原来课堂的呈现可以如此儒雅有度、进退有节。也是因为这样一堂课，翻开了我重新认识自己语文教学的新篇章。更有幸的是，在一个学期以后，我成为罗校长和杨老师的弟子，从头开始，认认真真学习如何备课、上课。在两位师父的帮助下，我先后获得了省、市、区三级教学比赛的一等奖和特等奖。每一张证书的背后，都有两位老师的谆谆教导和殷切希望。所以说，我是个幸福的教师。

二、班级管理：从无序到有序的建立

我是个失败的班主任，至少以前是这样。我走进班级，学生还敢大声说话、不守纪律，我来管，学生不听，后来导致整个班级管理混乱。校长找我谈话，推心置腹地和我谈起我在管理班级中的诸多不妥之处，首先就是和学生走得太近，没有建立起学生的规则意识。我表示赞同，可又不知道该如何补救，一时非常自责。

谁也不会想到，校长让我转到下一个年级去当班主任。这是个非常冒险的决定，因为一旦我再出现管理不好的情况，那就影响了两个班级的发展。而校长力排众议最终成为我不负使命的动力，我从解决自身问题出发，首先，就是站稳讲台，让学生从心底里佩服我的才华，才能从根本上抓住学生的心。其次，严格规范学生纪律和行为，强化规则意识，对学生严格要求。我发现即使严格要求学生，学生也会从心底里喜欢老师。在教育中，严管比讨好更有效。

我非常清楚地记得，我带的这个班级在毕业的时候，大部分学生都考取了市内排名前十的高中，还有一个叫刘佳一的男生被美国华盛顿的一所高中录取。要知道这所高中当年只招收了他一名中国学生，我作为老师备感欣慰。班级管理从无序到有序就这样建立起来。

三、职业规划：从无心到有心的追求

"从前不想当老师，当着当着就喜欢了。"这是著名教育家程红兵先生从教三十年后的一句感慨。我非常认同，而且感同身受。是的，不知是从什么时候开始，我从最开始的每天惧怕走进班级，惧怕见到学生，变得每天特别期盼第二天的课堂早点到来，期盼和学生有更深入的交流。原来的我想到的就是一年两次的难得假期，和相对纯净的校园环境。而现在我非常喜欢开学的日子，并且以自己是一名人民教师为荣。思之良久，也许是遇到了太多的贵人、遇到了太多的恩人对我的指点和帮助，让我重燃对教育的无限热忱，更让我拾起了作为一名教师的拳拳之心。

我的有心，是想成为一名语文特级教师，常年躬耕于热爱的三尺讲台，并为之奋斗终身；我的有心，是想在教学中获得成功、获得幸福，将知识传给那一双双渴求知识的眼睛；我的有心，是想在教学中有所突破，成为一名有独立见解和影响力的教学达人，在我爱的职业中继续努力！

慢慢稳稳地行走在路上

——我在罗灿名师工作室的心路历程

中山大学深圳附属学校　左心彤

　　时光迈入2020年，不知不觉间，我已进入从教的第六个年头。回想
2014年毕业的时候，一个懵懵懂懂的丫头踏出校门后茫然张望，是成为
一个站在顶端把握时代脉搏的大人物、一个纵横驰骋的新闻记者，还是
一个满腹经纶的学者？扪心自问，不，我要做点儿自己喜欢的事，用自
己微薄的力量影响他人，抱着这样的初衷我踏入教师行业，成为一名语
文人。初入教坛，对如何正确高效地教书育人，我不是没有焦虑过、惶
恐过。匆匆翻阅名家课堂实录、听名师讲课评课、向资深教师请教，依
葫芦画瓢运用到自己的课堂上，琢磨着、探索着……总对自己还不够优
秀有一种隐隐的担心。

　　2017年，我有幸来到深圳明德实验学校，亲眼见到罗灿校长温润且
充满语文味的课堂，更有幸成为罗灿名师工作室的一员。时光绵长，一
转眼三年过去了，回顾三年来在名师工作室的学习生活，我深深感受到
这个集体给我带来的欢乐与收获。也许我没有太多值得夸耀的荣誉和成
绩，但在工作室主持人罗灿老师及其他优秀成员和学员的带动、感染和
帮助下，我积极认真地参加了名师工作室的每一次活动，开拓了视野，

更新了知识，教学和管理能力也得到了启发和提高，收获颇多。工作室伙伴们好学上进、乐于创新、勇于开拓的精神给予我很大的动力。成长是一个过程，是一份快乐。三年来我收获了很多，同时也看到了自身的不足，现将印象深刻的心路历程总结如下：

一、南有樛木，葛藟累之

茂盛的树木中有下垂的树枝，葛藟爬上这根树枝并快乐地生长蔓延。罗灿名师工作室就如同这茂盛的树枝，给予我们广阔的生长空间和向上的平台。

工作室成员杨佳富老师上《昆明的雨》一课，从"味"的角度切入食物描述，在情境朗读的模仿中，让学生在欢笑中学习，让我感受到语文在玩中学的趣味。

工作室成员杨金锋主任上《杞人忧天》一课，分别从语文、数学、物理和体育四个学科多角度架构全文；《孙权劝学》一课中采用问题导入，巧妙引入平仄声教学，带动课堂气氛，向我打开教学无限广阔的视角，启发我巧妙寻找课堂切入点。

工作室主持人罗灿校长上《云南的歌会》一课，设计巧妙，"一线串珠式"教学，从现象到文化，足见一名优秀教育者的思考之深，启发我在教学中学会从文本处理细而出新，解读语言的忠实回归，多元解读扩大思维流量和梯度多方位都是可尝试的空间。

除了课堂中的学习，使我记忆深刻的是2018年12月苏州常熟的教学研讨活动。跟随着工作室的学习脚步，我来到语文报刊协会课堂教学分会暨钱梦龙课堂教学艺术研修班，亲眼见识了钱梦龙、程红兵、肖培东、马骉、李华平等一大批平时在书本中才能见到的名家大师。在袁源老师的《奶奶与1973年的诺贝尔奖》、罗灿老师的《云南的歌会》、张爱萍老师的《萧红墓畔口占》三堂示范课上，我真正感受到一名优秀的语文人，引领学生从横向、纵向多重解读诗歌，在朗读、联想和品评中

理解文章意象的能力。

这次学习对我有醍醐灌顶的作用，让我思考之前急于把所有课堂精华浓缩到自己的教学中的"左"倾激进是否正确，追求优秀和卓越是否真正满足了学生学情的需要，我开始静下心来思索。是的，真正好的语文人要敢于大胆尝试，不要畏首畏尾。课堂本身是遗憾的艺术，没有真正的完美。我开始学着慢下来，慢慢地真正融入学生，感受课堂而非一味地驾驭课堂，开始课堂教学风格的尝试，并懂得了课堂教学决定着教学效果，凝聚着教师的智慧。

步伐慢下来，一切从容很多。"南有樛木，葛藟累之。"我很感激进入罗灿名师工作室的缘分和运气。

二、乐只君子，福履绥之

《诗经》里说："一位快乐的君子，能够用善心或善行去成就他人。"一群拥有着语文情怀的语文人，在罗灿主持人的带领下，更有底气和信心向前。那些充实过、困惑过、抱怨过、矛盾过的时光，回看时，却都是感动和收获。

工作室进行的各项活动，如，HAS整合课堂的教学、校长峰会论坛、师范学校参观……以理性的认识告诫我们语文人的职责、语文事业的崇高，也在我们心里种下一棵树，一棵默默的、谦逊的、专业的、向着太阳的、幸福快乐的树！

成为工作室成员后，我得到了更多外出学习的机会，如，2018年广东省名师工作室培训活动。在广州进行的为期五天的培训，五百多位名师坐在一起，一次次的学习交流，一次次的思想碰撞，感受到自己的理论功底在逐步提高，这里团结互助，充满学术氛围。工作室的老师各有特色，每一次的活动我们都是互相学习、交流谈心、畅所欲言。

其中让我记忆最深的是参观广东省实验中学初中部、高中部时，张静仪老师的《跨媒介阅读与交流》专题讲座和张雪老师的古诗词学习研究课，其中《蜀相》和《武侯庙》课堂设计有高度、有巧思，在对比中感悟诗歌的内容主题、叙事特点、景色描写和感性理性等方面的异同，真正展现学生的能力和实力，45分钟既充实又轻松。

回来后，我不断思索两位张老师共同运用的"激励"的重要作用。"激励"非常值得引用到教学和平时的工作管理上，运用得当，可以让学生学得更加有激情、更加愉悦，自主走向更远。

我想，"教"也是一个不断"学"的过程，而整个过程也是一个坚持的过程。虽然我成长的脚印歪歪斜斜，成长的思想稚嫩青涩，但学习的脚步会一直稳稳地向前。我会用一种语文的情怀靠近语文，用一种语文的态度对待语文。

三年来，我更坚定地以名师工作室成员的标准来严格要求自己，认真阅读教育专著，丰富自己的专业知识，积极参加各项学习，步伐不快，但逐渐踏实。

是的，为人师者，最让我有幸福感和成就感的，不是获得荣誉教师的称号，不是学生中考的捷报和分数的提升，不是逢年过节学生的问候和惦记，而是语文课堂永远有更好的教学方法，永远有更好的教学设计和解读。如同高山仰止，但有一群工作室同人一起探索着往前，心向往之，必定能至。

我们，慢慢稳稳地行走在路上。

榜样引领　事必躬行

中山大学深圳附属学校　陈桂

　　罗马不是一天建成的，学校亦是如此。就在今年8月初的时候，来过中山大学深圳附属学校的人都会质疑一点，这所学校能如期开学么？事实上，中山大学深圳附属学校不仅如期开学，还实现了精彩开局。而这一切，是和罗灿校长分不开的。

　　我第一次见到罗校长是2019年10月16日，在龙城高级中学参观调研的时候。她很平易近人，我提出去接她，她婉拒了，让我直接去龙城高级中学碰头。一见面就说我们筹备组辛苦了，一直为学校建设忙前忙后。与以往走马观花似的调研不同，校园的每个角落我们都走了个遍，遇上好的设计就会向龙高的校长虚心求教，而且还会询问我的看法和意见，很耐心地倾听。整个校园走下来用了四个多小时，我都大感吃不消，但她神色如常，去办公室坐着，寒暄不到十分钟她就起身告辞，很客气地说我路途较远，今天调研就结束了，让我回光明。事后了解到，她一个人又跑去调研了另一所学校。她车技其实真的很一般，稍微有点儿难度的车位都停不进去，那次是她第一次开车跑那么远的地方。

　　我是"插班生"，学校筹备组早期人员是光明高级中学的范世华老师和秋硕小学的田兆丰老师。2019年8月，我很荣幸地收到光明区教育局的抽调通知，作为筹备组一员加入其中。中山大学深圳附属学校小学部和中学部在两个校区，中间隔着一个人才房，小学部分两期建设，第一期计划在爱华小学西面建3栋楼，第二期是将爱华小学全部拆除，建2栋楼和300平方米运动场，办学规模达132个班，是全市最大的一所九年一贯制学校。罗校长到位之前，筹备组的小日子过得还是挺舒服的，看看设计图和代建方讨论相关设计，或者拜访区内新办校的领导，准时准点上下班，晚上回家吃上热乎乎的饭菜，周末时间可以自由支配。她到任后，一切就变得不一样了，牵头组织EPC项目方和筹备组调研深圳市近期新开办的学校，譬如，宝龙外国语学校、南山港湾学校、福田红岭实验小学、龙华外国语学校、罗湖高级中学、深中泥岗校区等。白天调研，晚上开视频会议总结。总结会议更多的时候她在听，我们在说，不会贸然打断，最后她再做出一些点评。虽然辛苦，但我们受益匪浅。深圳的新办校和品牌学校被我们基本跑遍后，就开始专题调研活动，比如，信息化建设香山里小学做得好，我们就去了三次，每次去就是不停地看、问，探讨如何在原有基础上做更好的改进，用她的话来说就是：只有深入学习才会了解得更具体。看完了深圳后她就带着我们走出去，去北京、去上海，参观考察当地的名校。其实大部分学校之前她都去过，之所以再去，是希望我们能够开拓视野、提高认识。经过这一系列的调研后，筹备组向区教育局请示，将计算机网络更改为全光网络，吊顶加装格栅。这两项变更推动了区域新建校建设的标准，区教育局要求之后的学校建设全光网络是必备的设计。

学校硬件建设要抓，软件也要抓。筹备期间，范老师、田老师和我不仅要写调研总结，还要学着写学校办学思路、学校章程以及学校发展五年规划等。不但要写，还有"交作业"的截止日期。偏偏校长的记忆力又极好，临近时间节点总是会看似随意地提醒时间差不多到了，这个过程对我这种"体力劳动者"来说是苦不堪言，有时候会卖萌、诉苦、找借口说可能因为某种原因写不完。她就会笑眯眯地说可以有一次延后机会，延后两天交上来。看到躲不了了，我只好咬咬牙参考兄弟学校的相关材料自己写。罗校长对我较为厚爱，范老师负责草拟学校建设操控表、出筹备简报以及招生工作，田老师负责编写学校内控制度、审核学校建设图纸等，他们加班的具体次数可能只有他们记得。我所了解到的是，每次熬夜，罗校长都会陪着他们一起修改讨论或做课件。罗校长的正高级教师、特支名师、特级教师和地方级领军人才等诸多荣誉，只有和她共事过的人才知道这些是如何获得的。我常想：校长完全可以躺在荣誉簿上睡大觉了，可她还如此拼，更何况我们？她说何猷君说过一句话："当你在睡梦中时，我一直在工作。当你在工作时，我已经付出了双倍于你的努力。"比你优秀的人不可怕，可怕的是比你优秀的人比你更努力！

学校的办学思路、章程以及规划，她其实早就已经写好了，把这些作业布置给我们，是为了能引领筹备组成员迅速成长，迅速成为一个有水平、有战斗力的团队。她说："完成我布置的这些作业不是目的，而是希望你们能够参与进来，能够从多个方面培养你们，筹备组没有具体分部门，你们可以学各个方面的知识。我现在打一个样，要学会先自己做事，再要求别人做事。"她做事非常细致，各方面的事情喜欢提前准备，这让我们学会做事要高瞻远瞩。招生阶段，接到教育局通知去中山七院宣传学校，要马上提交校长的讲话稿。时间非常紧，大家急得像热锅上的蚂蚁，她轻飘飘丢来了一篇稿子，就把这事给办了。她不仅要宣传学校，还要宣传老师，在宣讲会上特地为每位老师准备了讲稿。这场学校宣传很成功，就连教育局领导都说没想到我们已经提前做了这么多事，让人震撼，而且学校的办学思路清晰，定位准确。

筹备期间，她一直开自己的车跨越三个区往返，我们也都是开自己的私家车，吃的基本是盒饭和方便面，我们借址办公却从不叨扰人家。

到了暑期，工作愈加忙碌，饭点的时候经常还在开会，学校周边又都是工地，为节省时间我们都是边吃泡面边开会讨论各种问题，讨论结束就去工地，看建设进度，看学校周边道路，与工务署EPC项目方讨论开学各种事项。罗校长有点"抠门"，为了选到物美价廉的办公家具和学生课桌椅，我们曾跑去佛山建材市场，这架势感觉就是装修自己的家一般。对此我曾经很不理解，直到最近参加区财政组织的培训我才深刻意识到她的内心所想，培训中刘琳主任引用了佛里德曼的一句话："花自己的钱办自己的事，既讲节约又讲效果；花自己的钱给别人办事，只讲节约不讲效果；花别人的钱给自己办事，只讲效果不讲节约；花别人的钱为别人办事，既不讲效果，又不讲节约。"很明显，她就是把中山大学深圳附属学校当成自己的家，想把每一分钱省下来用在学生身上，她经常跟代建方探讨有些华而不实的东西能否变更为对学生、对老师更适用的方案。对于学生，她很大方，亲自设计了学生的午休床，这在深圳乃至全国应属首创，设计方案历时两个月反复的修订才最终敲定，为的就是能安全合理解决学生午休期间要趴在桌子上睡觉的问题。她还联系中山七院的医生，特别是牙科医生，能够来校为学生上课，为学生的健康成长护航，这就是一学生四导师制的最初来源。她希望每一个从中山大学深圳附属学校走出来的学生有一口洁白的牙齿，有一双明亮的眼睛，有一个挺直的脊椎，有一个阳光的心态。学生是健康的，就是快乐的。

长期跟罗校长共事的人都知道，她很宽容。对待我们筹备组成员，她从不把我们当下属，而是当作自家孩子，非常严格地要求，写材料、做课件、看图纸、召开研讨会都是全员参与，布置下的作业完不成会不留情面直接指出来。但对外，一直都在说感谢教育局，给了她三个能干的帮手，为她分忧解难。事实上我们没少惹事，工作上也做得不够细致。她温和且坚定，作风果敢，敢于担责，走路带风，熟悉她的人都知道她走路很快，我们一般很难跟上她的步伐，她走楼梯基本是一步两个台阶，跑工地她总要停下来等等我们，我们感觉自己在拖后腿了。有次范老师发现罗校长办公桌下有六七双满是泥巴、跑工地踩坏了的鞋子，开玩笑说可以放到校史陈列室做个纪念。8月11日，教育局面向全区学校选拔校长助理，接到通知她第一时间动员我们报名，并且给我们放了半天假准备。要知道当时是建设工作任务最重的时候，学校二次装修工程正全面铺开，现场都需要人在场协调处理问题。第二天一早她把我们仨找来试讲一番，她做评委帮我们把把关，详细具体地对每个人做了点评，然后让我们再修改，下午又来了一遍。那几天我们应付着选拔考试，她一个人既要把关，又要协调现场施工问题。我文笔不好，写不出来她的工作量是多大。但是这么大的学校，她手下只有我们三个新手，有时我们还小懒耍赖，如此繁杂的具体事务都压在她身上，她从来不去跟领导说她有多辛苦，也从不跟旁人说她有多累，每天都阳光灿烂、开开心心、虎虎生风，这么长时间她一直坚持。她说："路虽远行则将至，事虽难做则必成。开学了就好了！"但我知道的是，临近开学时，她的椅子上多了一个按摩腰部的按摩器……

游宇是EPC项目方的项目总经理。直接点说，筹备组是业主，他就是开发商，一种天然的对立关系。有次我愤愤不平地向罗校长投诉他不配合校方工作，罗校长笑眯眯地说："小陈你要换个角度思考，他所做的事都在捍卫着他们单位的利益，其次才会考虑咱们的需求，从某种角度来说你要学习他的坚持。"学校建设完工后，游宇离职，他发了条微信给罗校长，说罗校长像他高中的班主任，真诚、善良且宽容，当所有人都在指责他的时候，只有罗校长肯定了他的工作，在他的领导面前表扬他。感谢他抢回来两个多月的工期，为学校顺利开学做出了贡献。

任何团队都要有核心人物，才能够引领团队齐心协力，奋勇向前。罗校长就是这样的一个核心人物。我们团队刚开始不理解罗校长的做事风格，感觉太过追求完美，很多事做得过于细致，有些事每个人都参与有点浪费时间，后来大家理解了她的良苦用心，她是希望全方位地打造我们，让我们了解学校各个方面的工作，不要出现工作盲点和各扫门前雪的现象。比如我，对演讲汇报是有恐惧的，每次发言都会大脑一片空白，手心全是汗。为了培养我，她让我作为校方代表和工务署、EPC项目方开会，区领导调研时又安排我负责汇报。到了今日，大家都说我的表达能力有了显著提高。我曾经问过她，区领导调研汇报我搞砸了怎么办？她大咧咧地说，她在旁边再补充嘛，也相信我不会搞砸的，只要精心准备，在过程中得到成长和提高，结果怎么样不重要。她住市区，每天上下班要两个半小时，遇上堵车则需4个小时。为节省时间，她7月初就搬到了爱华小学宿舍，整天都守在工地上。当时正值暑期，整个校园没有一个人，她留在学校随时处理现场突发事件，协调各个单位的建设进度。一次区教育局黄局长忽然到访，印象比较深的是黄局长问："开学倒计时了，筹备组是不是都留守值班？"她说是的。其实留守的只有校长，我们三个还是那么没心没肺地觉得离家近，都是回家住的。过了两天，大家都自觉地搬到爱华小学宿舍，直到9月1日顺利开学才搬离。也许大家觉得住宿舍也没什么，但要知道学校周边都是工地，各种声音嘈杂，要么是停水，要么就是电缆被挖断，有那么几天学校是没电、没水、没网络，她从没有抱怨过一句辛苦，就这么一待就是两个月。其间她过生日，陪伴她的没有鲜花和蛋糕，只有一双穿得很破的平底鞋，还有一裤子的泥。

范世华老师和田兆丰老师通过这一年的锻炼，在开学前被提拔为校长助理，前往区内其他兄弟学校任职。赴任当天，罗校长亲自把他们送到新学校，制作筹备期间照片纪念册和视频送给他们，现在他们两人还时不时来学校看望罗校长，看望他们亲手筹备的学校。我想，这是在他们内心深处不可磨灭的一份珍贵记忆，我们互陪一程，温暖一生。上级领导希望我校成为"黄埔军校"，成为培养干部的摇篮。现在熊飞副校长、谢秀君副校长以及阎海量、康斌、文杰、刘桂龙、周明、吴秀、傅倩琪、关珏彦、古文惠、许晓达、黄颖欣、马博威以及王雨丰等老师，在罗校长个人人格魅力的引领下，夜以继日，不辞辛劳，牺牲自己的暑期时间在各自岗位上工作，保证了这所全市最大的九年一贯制学校顺利开学。正如罗校长所说，一个人可以走得很快，但一群人才可以走得更远。感谢教育局，让我通过筹备工作得到锻炼和成长；感谢罗校长，让我处在一个具有凝聚力的团队。

遗憾使人丰盈

——我的个人成长历程

龙华区外国语学校　赵丹彤

这是一个满载挑战与失落、醒悟与幸福的学期，我在忙着寻找自我的过程中，看到了自己因能力不足、用心不够而与别人拉开的差距；明白了作为一名教师，只有空浮的教育梦想和情怀终有一天要让自己失望的道理；懂得了工作真正的快乐和这其中永远不可能打开的结；看到了经过我虽笨拙却从不放弃努力的教育后学生的成长。此时此刻，我最欣慰的是我对我的学科、我的学生仍然怀着浓烈的热情，与此同时，我在榜样的身上看到了今后努力的方向。

在此，我对我的成长历程进行梳理，感悟如下：

一、备课上的改变

在备课这一项工作上，本学期的我终于没有上学期那般随意。我的备课过程一般是这样的：首先独立阅读课文（单元导语、预习提示、课文内容、课后练习等），对课文的重难点进行分析、推测，然后参考网上一些比较成熟的、常用的教学设计和科组的备课资料，最后综合分析，留下课程的重点内容，并根据自己的想法适当调整其他教学内容和教学活动。我认为其中最难的环节就是确定好教学内容。同样的篇目，尽管教学内容类似，但在篇幅的安排上也不尽相同。在这个时候，我不敢通过自己的判断去删减，也就是说，没有标准和信心去决断教学重难点。此外，我在"双有"课堂比赛中暴露出的一个问题，就是对于教学过程中问题的设置缺乏推敲。具体表现在问题的设置没有梯度，不是循序渐进的；问题的答案不具有延展性；问题的设置不能直击课堂重点。好像可以有的问题我都有了……

二、课堂上的改变

这学期以来，我在课堂上更有老师该有的样子了。从PPT的设计到对教学语言的注意，都比上学期有了很大的改进，尤其是在教学语言这一方面，我认为自己有了较大的收获和进步。

刚入职的那一学期，或是出于对学生的担心，或是出于采纳老教师的经验，我在班级管理上总是会给学生些许压迫感，导致我的课堂教学也在很大程度上受到影响，导致学生不敢过多表达自己的观点，课堂氛围常常是以我的思维来主导的。一学期的锤炼下来，我对班级管理产生了不同的认识，对学生的行为和成长速度、成长样态有了更清醒、更从容的认识，这使得我这个班主任给学生带来的压迫感大大降低。我从一个管教者变成了一个指导者，慢慢发现每一个学生身上的闪光点，慢慢学会用心去爱他们。这种转变渐渐地走入课堂，我发现我对学生的各种课堂表现所做出的回应不再出于"我该怎么做"，而是"我的心告诉我要这么做"。我珍惜每一位学生在课堂上的产出，并且越来越能理解他们为什么会有这样的表达。于是我在课堂上的关注点不再是通过质问的口吻苛责他们的错误，而是致力于解决他们心中真正的疑惑。不过，这也常常使我不能按照预期完成教学任务。我想，如何做好高效的课堂引导，是我下一阶段需要思考的问题。

三、自我认知的改变

在龙外语文组一年的时间里，让我充分感知到自己的不足，不仅是技艺上的，更是心智上的。我很庆幸能和这么多优秀的老师和伙伴一起学习，与此同时，我也得以见贤思齐，内自省也。

曾经的我会想各种借口为自己开脱，不过经过这一年，我的成长在于确确实实体会到了什么是"一分耕耘一分收获"。有些心里话，实在是不好意思再次提起，不过未来的路，还是要自己一步一个脚印走出来的。每次听到一节好课，就会有很多习得和感悟，那么未来就不妨从多听课开始；每次认真准备的课，都会在课后收获无尽的满足，那么未来就不妨从备好每一节课开始；每次带着放松的心情去读一本感兴趣的书，都会再次启迪自己的思维，那么未来就不妨从享受无压力的阅读开始。这些都是过去的一年我所匮乏的。路在脚下，始于多听课、备好课、乐读书。

教师生涯的第一年，虽然还不曾受到他人的肯定，但我心里获得了满满的成就感。或许我脸上常带倦容，可心里却进一步肯定了自己从事教育的选择，真正在陪伴学生成长的路上获得幸福、获得进步。看着班里的学生渐渐学会感恩、学会宽容、学会体贴、知书知理，我便觉得自己很有价值。

下一步，期待自己成为一名能从教学中获得幸福的语文老师。

蝶变——罗灿工作室成员成长的心路历程

行而不辍　未来可期

深圳明德实验学校　朱国芬

　　人生天地间，若白驹过隙，忽然而已。弹指一挥间，自2018年7月有幸进入罗灿省级名师工作室以来，已两年有余。蓦然回首走过的岁月，些许感怀，姑且记之。

一、榜样，是一种力量

　　我本平凡，这是我一直对自己的认知。过往的学习和工作中，我满足于自我的小围城，不积极进取，也不消极怠惰，自认与高尚无缘。2015年硕士毕业，在家乡工作两年后，反倒觉得苍白，真是近乡情更怯了。2017年从湖北南下鹏城，负笈寻梦，开始南国之旅。

　　清晰记得，那年盛夏，当校务办张主任告知我被录取的消息时，我的内心是雀跃的。因为这所学校有颇负盛名的校长，而且还是语文特级老师。正式入职之后，果然发现，校内语文组大师云集，名师荟萃。一年后，承蒙不弃，得以忝列门墙，我也就欣然加入了罗灿校长的语文名师工作室。入室之后，由于近水楼台，有了更多机会向工作室的前辈们学习。听课过程中，杨主任的平仄诵读、马主任的思维激荡、王老师的文史纵横、李老师的声情并茂……都给我留下了深刻的印象。

不仅如此，工作室还带领我们走出校园，探索校外更多、更广的语文风景。广州的名师工作室培训会议、深圳宝安区海韵学校的调研、深圳市光明区公明中学等各种校外学习，开拓了我的眼界和视野。

这些老师，都是我心中的榜样，他们以一己之力积极践行职业道德，同时也在无形中号召着我蓄势成长。

二、优秀，是一种习惯

所有优秀的背后，都是一种苦行僧般的自律。当自律成为一种习惯，优秀就是习惯，当然也就顺其自然了。多少个日夜，我也在扪心自问：为什么很多想做之事还没有时间做？

其实再仔细想想，我很多宝贵的时间好像并没有实际的产出效益。间歇性的关注只会让注意力被消解分散，最终只会一事无成。再看看这些榜样们，他们大多身兼多职，最后收获颇丰，样样出色。这些成绩的取得，一定和他们高度的定力有关，能拒绝诱惑、严于律己，朝着一个目标持续前进。而这，正是现代社会最需要的能力。

三、行动，是一种必然

这些榜样，不仅擅长表达，更积极行动。瞬息万变的社会，注定要淘汰落后低效和没有行动力的人。理想和现实之间，终究还是少了行动的力量。规划好自己的每一步，更要踏实严格地笃定前行。在道路的中央，坚定地朝着目标一往无前，收获一颗又一颗美果，采撷更多的鲜花。

未来属于那些勤恳不息的耕耘者。结缘工作室，让我认识了众多的优秀榜样，他们低调谦逊、行动积极。感恩遇见，这些正是我成长需要的肥沃养料。道阻且长，行则将至；行而不辍，未来可期。

蝶变——罗灿工作室成员成长的心路历程

佛系老师修炼记

龙华区外国语学校　王璟琦

　　佛系，顾名思义，是一种"一切随缘、任凭他去"的态度。至于传言中的佛系班主任，则是这样子的：面对学生不写作业——行的，不勉强，你随意；面对家长的为难——好的，照办，你放心；面对琐碎的班务——笑看一切、心如止水、缘起缘灭……而作为一名新手班主任，一年多来，我则在另外一种佛系的修炼之路上摸索前行。

　　第一境界：看山是山，看水是水。

　　"老师，今天上课×××玩我的笔，还干扰我听课！"

　　"老师，今天上课×××和×××竟然在课桌下牵手！"

　　"老师，今天考试的默写，'山岛竦峙'我又写错了！"

　　"老师……"

　　回想刚入职时整天如同消防员一般冲锋陷阵的我，犯了两个常见的新手错误：第一个错误，"这个方法不错，可以在我们班试一试！"什么《班主任工作漫谈》《班主任兵法》《给年轻班主任的建议》都被我奉为圭臬；听了名师、老教师或是同事传授的"小技巧""小妙招"，便急匆匆在班里推广。第二个错误，总是习惯以自己读书时的"当年"作为标准，去要求和评价我的学生。于是，前三个月的我是极度焦头烂额、手忙脚乱的，"河东狮吼"是经常性的。

入职之初，经验缺乏，自然别人告诉此为山、彼为水，便觉是山为水。对教育问题的认知，看似明白，实则糊涂。

第二境界：看山不是山，看水不是水。

班级管理的转折点，来自班级公约的形成。经过一番讨论，以"三养""三高"为核心的静远三班班级公约正式出台：三养——养静去躁、养雅去俗、养才去迁；三高——高言值、高双商、高素质。自此，所有的班级管理都纳入了这一轨道，我也开始在佛系的第二境界中修炼。

有时金刚怒目，涉及底线之事绝不手软，正确引导。例如，玩游戏可以，只是周一到周四绝不接触，周五到周六才能玩一定时间的游戏。约定好，按规行事，心服口服。班里学生早恋了，会主动跟我交代，大动干戈、棒打鸳鸯反而激起逆反心理，但在班会上明确底线一二三条，顺便进行一下三观教育。

有时拈花微笑，不伤痛痒之事心平气和，一笑了之。班里有个成绩优秀却特别调皮的男生，一下课不是乱画白板，就是乱动电脑。被我批评时，他特别委屈："我上课的时候很认真啊！下课再不做点什么，我上课就坐不住了！"想想也是，十几岁的男生，哪能做到一天在校九个小时都静如处子呢？于是我在教室里放了五子棋、画板等，让他们下课放松一下，上课老老实实坐着听课便是。

此时看山非山，看水非水，则是山重水复、柳暗花明之后，看到的另一番风景。凡事都无绝对，换个角度看问题，收获的不仅仅是解决问题的答案。

第三境界：看山是山，看水是水。

随着我在第二境界的修炼晋级，静远三班也形成了许多优良的传统。例如，每当放学后，学生总会三个一群、五个一组地讨论学习上的问题。有一天，当我静静地看着他们热火朝天的讨论时，突然明白"一棵树摇动另一棵树，一朵云唤醒另一朵云"的真谛。教育，不应该仅是我"这一棵树"摇动"另一棵树"，不仅是我"这一朵云"唤醒"另一朵云"。为什么不相信学生们自我教育的力量，不相信学生朋友、同伴的力量呢？更多的时候，应该是"一群树"摇动"另一棵树"，"一群云"唤醒"另一朵云"，我应该只做一阵风，帮助他们摇动，帮助他们唤醒才是。这一大彻大悟，让我把工作的重心慢慢地放在"帮助"上，职业生涯规划，帮助唤醒理想；名校大学巡展，帮助唤醒向往；真人图书馆，帮助唤醒信念；10部经典电影，帮助唤醒善良……慢慢地，一个人违纪时，一群人会出来阻止；一个学生取得了进步，一群学生会出来模仿。最重要的是，学生的心里都有了一个属于自己的诗和远方，求真、向上的劲头也越来越足了。

如果说"山水"为教育之法，那对其的观照与探求便是从简单到复杂再回归简单的圆。看山是山，是用眼看；看山不是山，是用心悟；而再次看山是山，则是透彻清明之后，对教育规律及本质的认知。这是我心中理想的教育境界，虽暂不能至，心向往之。

"我见青山多妩媚，料青山，见我亦如是。"回想一年多来在看山看水里佛系修炼的种种，不禁感慨师生之间也无非是在彼此相照之中找到更好的自己。对学生的行为多一分理解，遇到问题换个角度看，就不会被问题越挫越丧，以至于"好的，都行，你随意"。

常怀出世之心，而行入世之事，有情义、守担当、不急躁、无所惧，此乃我所言真佛系老师也。

佛系的是处世态度，面对学生的问题重重，淡定从容。

不变的是教育信念，面对未来的道阻且长，初心不忘。

虽愚必明 虽柔必强

——我的成长心路

龙华区外国语学校　冉兰

在初语这片广袤的森林中，有这样一棵努力扎根的小树。我曾沐浴过女院温柔坚定的轻风，也曾感受过未名湖的深邃，带着湖畔众多师长的祝福与期待，来到这片郁郁葱葱的初语天地。在过去的两年时光中，我积极地学习、生长，在真实的课堂教学中越发坚定个人的教育志向。语文教学让我愈加真淳，班主任经验则让我温厚坚强。

一、温暖的耕读之家，永远的精神田地

在北大求学期间，我有一片难以割舍且伴随时间的沉淀愈加醇厚的精神乐土——北大耕读社。这是我关注内心状态的起点，亦是关怀他人的内在动源。毕业前旁听的最后一堂课，是哲学系楼宇烈先生的分享。在课后，楼老师关切地询问我职业的选择，在得知我即将远赴深圳教书后，他语重心长地叮嘱我："基础教学中的语文教学意义重大，面临诸多挑战，需用心以对，深深耕耘。"师友的鼓励与帮助，社团与校园精神的鼓舞，在初登讲台的我的心中，都有着重要的意义。于是我携手过去的同学和现在的同事张莹老师，一同把耕读社的种子带到了龙华区外

123

国语学校，希望能够把曾经在社团亲历的感受、内在的力量带给更多的学生。我们成立了龙外耕读社，每周的社团活动中，和学生一起体验、亲近传统的生活方式，一同亲近鲜活而伟大的经典，在悠游中感受传统文化给我们身心带来的巨大滋养。

未名湖畔的夏日读诗犹然在耳，静园草坪上的读书身影依稀可辨，国艺苑的悠悠琴声也从未远去，这些都永驻在我的心田。在忙碌的初中教学阶段，我总是满怀热情地同我的学生、我的同事，尤其是校本课上带领学生唱琴歌、品唱词。在我看来，语文这一学科的外延实在是太大了，不加以善用吸引学生走进这片天地确实令人感叹惋惜。尽管有许多老师批评"大语文"总是容易变成"语文大"，但在这些充满活力与力量的年轻人心中，"有趣"是第一位的，只有当我们成为一个有趣的灵魂，才能在这忙碌的世界中找到自己的位置并涵养起内心的力量与困难和平共处。

二、班主任泪水与艰辛背后的成长——用心浇盖的田地

在前往龙外就职前，学院一位很好的老师曾与我分享自己过去任中学教师的心路历程："初中的学生很好、很活泼，但是他们太过顽皮，所以相处起来也非常耗神。但学生不会记仇，即使是在管理上有过不愉快，这些都会过去。"在当时，我感觉很难理解，但伴随着初为人师的经历，我逐步感受到了班主任工作的艰辛与苦痛：学生性格之顽劣、难驯；班级卫生总是达不到标准；琐碎事情的"轰炸"使得备课时间无限推迟，不得不牺牲睡眠时间工作……凡此种种，都使我感到精疲力竭，甚至开始对自己产生了怀疑。但我没有放弃，在非常困难之时还是凭着一股韧劲挺了过来，这离不开学校众多优秀老师的关心与爱护，李校长与徐校长的鼓励，教研员向浩老师、王俊珍老师的指点与栽培，程旭、程宇赫、杨金锋、黄中英、刘艳龙等老师的真诚指导，还有张莹、刘恋、陈浩、丹彤、璟琦、贞贞、东篱、文悦等老师们的扶持与帮助，都

使我在这短短两年的教学与带班生涯中取得了较大的进步。

不知道是在具体的哪一天，这个曾经让我忧心流泪的班级悄无声息地发生了变化。或许是在那次大放异彩的合唱比赛中，学生认真投入地排练《中国人》和《青春舞曲》使得班级开始凝聚起来；又或许是在市委宣传片《我爱你中国》的拍摄与录制过程中，学生懂事、有礼貌的一面让所有参与的人员感觉温暖和贴心；又或许是在班级公约大赛的筹备过程中，全体成员的努力与用心让大家摘得了特等奖，凝聚了更多的闪光；又或许……这些改变其实都藏在学生的日常行为点滴里，藏在他们作文的字里行间，藏在那些因为深爱的斥责与后悔反思中。

温儒敏老师在《谈读书》中曾提到，语文老师要有一块"自己的园地"，我深以为然。这个园地是个人精神成长的需要，这是我们抗拒困难的自留地。但对班主任来说，这个班级，同样是我们的一块"自己的园地"。班主任工作很难、很累，很多时候也是在戴着镣铐跳舞，但无论如何，自己的这一亩三分地总归是可以去设计、去期待的。如果某一天，当耕地人自己都不去期待和规划园地了，那么，这块园地必然会走向颓败与荒芜，而耕地人也并不能在其中获得真正的快乐与幸福，我的内心这样深信着。

所以我仍旧以一种年轻的心态和学生打闹在一起，带学生开读书会、参加各种比赛，每年的元旦晚会雷打不动地和学生一起登台表演。在我看来，学习是一种途径，带学生体验不同的生活状态才是内心深处最大的教育愿望。这当然具有很大的挑战，但梦想总需要有的，否则一成不变的日子总会令人觉得乏味。

三、古质今妍，厚味清香——语文教学的美好与远方

如果要让我列举工作以来最开心的瞬间，毫无疑问一定是上了一节我心满意足、学生感觉收获满满的语文课。但这样的时刻刚开始几乎是没有的，每次上完课我都有一种灰头土脸、手忙脚乱的感觉。满篇乱跑

蝶变——罗灿工作室成员成长的心路历程

的关注点、碎碎叨叨的问题、滔滔不绝的讲解，这些都离一节规范的语文课相去甚远，甚至在刚开始的第一个学期，我都不知道如何去观察一节课。但幸而能得到程宇赫、向浩、黄中英等优秀前辈的指导，在一堂堂好课的观摩中，在一篇篇论文的思考中，我逐步地触摸到了好课的脉搏。从八年级上学期开始，终于出现了能让我展露笑颜的课程。相信这些篇目对于我来说，不仅仅是快乐的记忆，而且是与文本、与学生产生的一种心灵的共振，会激励着我不断打磨自己的课程，向文本更深处漫溯。

回顾过去两年来的语文教学生涯，有两件事情对我触动非常大。第一件事是学生曾给我取了一个非常"大"的外号，叫作"冉圣人"；第二件事情是和学生相处的过程中，非常用心地举办了两场读书分享会，学生的精彩展示使我至今回忆起来仍旧非常激动。

外号大约是在初一下学期突然就在学生家长中传开了，我猜测是因为我所任教的两个班有"今日论语"的小活动，就是在上课前几分钟带学生读一条论语。也可能是在学生之间互相疯传的那张"论语背了吗"的表情包。但无论如何，这一外号让我感觉非常忐忑，也曾经很坦诚地跟学生沟通过，自己是无论如何当不起这个称号的。而在当年的教师节，我却收到了一封言辞恳切的信，信上道出的是学生心中对这个称呼的理解，和他们没有说出口的感恩。这件事极大地触动和鼓舞着我，对学生的关怀和用心，无论相隔多远、多久，终究是能走进他们心中的。

更让我想起来就自豪的则是在这两年中，与学生精心设计、准备和呈现的读书分享会。学生认真阅读《文化苦旅》《月亮与六便士》《俗世奇人》《红与黑》《肖申克的救赎》《围城》等书籍，自行分组设计，最后在同学、家长、老师面前大方自信地展示自己的所得与体会。这是我觉得最接近真正教育的瞬间，或许前期的打磨非常耗时，但看着学生热情满满、充满自信的样子，一切的辛苦都是值得的。

而现在，我仍旧在带班与教学之路上探索着。《中庸》里有一句话给了我很多前行的力量："人一能之，己百之；人十能之，己千之。果能此道矣，虽愚必明，虽柔必强。"这是儒家思想中非常温厚而又坚定的力量。尽管我仍旧在教学中显得有些笨拙，但是挫折始终没有磨灭我的心志与热情，相信我会携带着这份坚定继续前行。

所获奖项及荣誉：

2019年11月，七省九地区部编版初中语文教材散文教学研讨会评课议课评比一等奖。

2020年6月，龙华区初中语文教研语文专题学习设计汇报。

2020年，龙华区在线教学学业水平测试命题大赛一等奖。

第十五届全国青少年冰心文学盛典教师组一等奖。

所带班级获2019-2020学年第二届班级公约大赛决赛特等奖、第一届合唱比赛特等奖、班级文化建设一等奖。

指导学生参加第十五届全国青少年冰心文学盛典，15人获奖。

指导学生参加第十一届深圳校园十佳文学少年评比，4人晋级。

指导学生参加粤港澳青少年写作大赛，5人获奖。

指导学生参加第三届深圳市青少年文学创作大赛，获市级三等奖。

蝶变——罗灿工作室成员成长的心智历程

做一股奔跑的前浪

盐田区外国语学校　李少冰

记得著名女排队员朱婷在接受采访时，当被问到"请你评价一下自己，是前浪还是后浪"时，她回答："我希望自己是奔跑的前浪。"作为一名不算年轻的教师，如何在人才辈出、后浪推前浪的教育大潮中屹立和前行，是我这几年思考最多的问题。我的思考答案，用最近很火的一档综艺节目名字可以概括为《乘风破浪》。

我和身在三尺讲台里的"姐姐""哥哥"们，哪一天不是在乘风破浪呢？跟班里小可爱们斗智斗勇的每一天，是在乘风破浪；跟教材纠缠不清、反复琢磨的每一天，是在乘风破浪；参加教师竞赛挑战自我的每一天，是在乘风破浪。我在一次次乘风破浪的历练中，享受着追求诗与远方的水木之旅。

一、水木之旅，始于探索

还记得曾经的我，虽然很认真，但管理方式和教学效果却未能受到学生认可，心里充满了挫败感和失落感。那时的我就像一往无前的流水、拼命生长的树苗，努力却找不到方向。在加入罗灿名师工作室的这几年中，在工作室各位优秀同行的启发下，我把成为研究型名师作为自己的新方向。也渐渐明白，对教育光有爱和干劲是不够的，教育需要智慧。

二、水木之花，开于坚守

智慧教学，先从打磨教学基本功开始。坚持备好每一节课，坚持带好每一届学生。勇于尝试不同的课堂模式，使同一篇文章教出不同的特色；勇于迎接每一次教学的挑战，在赛课、微课、试卷命题、论文课题中提升教研技巧。为调动学生的积极性，我开动脑筋，通过每日练笔、阅读分享会、班级演讲比赛、古诗文默写比赛、汉字书写比武、午间阅读等形式，提升学生的语文综合素养。因为，我知道教育要为学生的终身可持续发展奠基，教师不仅要教给学生知识与方法，更要培养学生的思想与素养。作为语文老师，更是任重而道远。

潜心教研，终于静待花开。在各级各类教学比赛中，我均获佳绩。2018年，为了在教学上促进自己更快地成长，我参加了区第二届"四有杯"教师综合技能比赛。这对于一个中年教师来说，确实需要很大的勇气。因为经过第一届，大家都知道备赛和比赛的过程很"折腾人"。在多次的模拟试讲、认真准备后，经过历时三小时的现场抽签备课、限时写下水作文、制作课件、15分钟课堂教学、教育答辩等环节的考核，我取得了语文学科第一名的好成绩。"四有杯"比赛使我对语文教学有了更多思考和发现，也给予了我莫大的信心。我发现，就像水心怀梦想，不断积蓄力量才能奔腾入海，教育者需要踏实钻研、奋勇前行，才能站稳讲坛。

三、水木之果，结于信仰

2018年，我在创建新班级时，决定把水木精神作为班级文化，就如国有核心价值观、家有家规、校有校训，班级也有了自己的精神信仰。巧合的是，"水"与"木"正好是我名字的偏旁，我把对学生的期待与自己的勉励都寄予"水木精神"。

我把这份精神信仰渗透在日常的育人活动中。在学生抱怨学习辛苦、付出没有得到回报时，我会让他们大声朗读墙上的"水木班训"，鼓励他们要有水滴石穿的韧劲和自强不息的信念。

我从水中学习变化与包容的智慧，因材施教，尊重学生的个体差异，包容学生的不完美，创设不同的成长平台。学习落后的学生，因为做事认真成为优秀科代表；好动话多的学生，因为擅长组织成为社团骨干；卫生懒散的学生，因为渴望表扬成为校园义工。

我从水中学习柔软与坚韧的智慧，面对青春期学生的诸多问题，以活动育人，以柔克刚。在上周散学典礼后，学生给生物、地理老师送去了写满全体同学感言、贴上往昔回忆照片的纪念册，学生想告诉老师，两年的教诲也是值得铭记一生的。班里一位学生要转学了，宿舍同学为她深情地读出临别赠言，播放悄悄制作的惊喜视频。我发现，学生学会了把水的温暖和力量留给每一位生命中的重要过客。后来，一位家长对我说道："李老师，我是个感性的妈妈，但是我的孩子比较理性，感谢你教会她如何表达感情！"

"心中有信仰，脚下有力量。"在水木精神的滋养下，我与学生如同向阳生长的大树，共同进步，互相成就。我所带的班级多次荣获学校"卓越班级""卓越宿舍"称号。2019年，在区班级合唱比赛中，我班荣获区第一名的佳绩，为校争光。班级还荣获"生态文明班级"，参加了"新样态全国学术年会"的课堂展示。

2019年，我再次接到了一个挑战——参加盐田区"我最喜爱的班主任"比赛，这无疑是对我班主任工作的一次大检阅，忐忑之余，我也投入了认真的准备中。经过网络投票、限时设计班会课、视频评选、现场教育答辩等环节，我最终不负众望，取得区第一名的好成绩，并在随后的深圳市决赛中取得"我最喜爱的班主任"称号。这一次的比赛历时三个多月，虽然很磨人，但再一次乘风破浪的经历，不仅锻炼了我的应变能力，也让我对教育有了更深入的思考。

今年，我很荣幸被学校推选为区"年度教师"的候选人，在经过区赛的主题演讲、视频评选、即时答辩、才艺展示等比拼后，我再一次站上了光荣的舞台，夺得了区"年度教师"的称号。这是对我十八年教育生涯的最高加冕，也让我感受到了肩上的责任与使命！三年的历练中，水木精神见证了我的每一次挑战与突破。无须仰望他人，乘风破浪的自己亦是最美的风景。

水滋润，木结果，化为桃李。我希望自己是一股在水中奔跑的前浪，也希望自己是一棵结出教育智慧果实的大树。我将继续在深圳，我梦想起航的地方，追寻属于我的"水木精神"，做精彩深圳教育的见证者，更做出彩深圳教育的参与者与建设者！

蝶变——罗灿工作室成员成长的心路历程